Arbeitsblätter

Praktische Nächstenliebe – Diakonie heute

32 Arbeitsblätter
mit didaktisch-methodischen Kommentaren

Sekundarstufe I

von
Anneliese und Siegfried Schulz

Ernst Klett Verlag
Stuttgart Düsseldorf Leipzig

Der Verlag hat sich nach bestem Wissen und Gewissen bemüht, alle Inhaber von Urheberrechten an Beiträgen zu diesem Werk ausfindig zu machen. Sollte das in irgendeinem Fall nicht korrekt geschehen sein, bitten wir um Entschuldigung und bieten an, gegebenenfalls in einer nachfolgenden Auflage einen korrigierten Quellennachweis zu bringen.

Gedruckt auf Papier, das aus Altpapier hergestellt wurde.

Die Deutsche Bibliothek – CIP-Einheitsaufnahme

Schulz, Anneliese:
Arbeitsblätter Praktische Nächstenliebe – Diakonie heute:
32 Arbeitsblätter mit didaktisch-methodischen Kommentaren ;
Sekundarstufe I/von Anneliese und Siegfried Schulz
1. Aufl. – Stuttgart ; Düsseldorf ; Leipzig : Klett, 1999
ISBN 3-12-926769-7

1. Auflage 1999
Dieses Werk folgt der reformierten Rechtschreibung und Zeichensetzung. Ausnahmen bilden Texte, bei denen lizenzrechtliche Gründe einer Änderung entgegenstehen.

Internetadresse: http://www.klett-verlag.de
E-mail: klett-kundenservice@klett-mail.de
Umschlaggestaltung: BSS Werbeagentur Sachse und Partner, Bietigheim
Druck und Bindung: Wilhelm Röck, Weinsberg. Printed in Germany.
ISBN 3-12-926769-7

Sequenz I Hinführung zum Thema

Sequenz II Biblisch-theologische Grundlegung

Sequenz III Aus der Geschichte

Sequenz IV Ausprägungen der Diakonie

Sequenz V Die unterschiedlichen Helfer

Sequenz VI Diakonie ist Beziehung

Sequenz VII Zur Situation der Diakonie heute

Sequenz VIII Der Abschluss

M 1 Alles Diakonie und noch mehr...

- Altenhilfe
- Altenwohnheime
- Altenpflegeheime
- Altenpflegeschulen
- Alzheimer-Angehörigen-Gruppe
- Ambulanter Hospizdienst
- Arbeitslosenhilfe
- Auswandererberatung
- Bahnhofmission
- Behandlungsstelle für Suchtgefährdete und Suchtkranke
- Behindertenhilfe
- Besuchsdienst im Krankenhaus
- Beschützende Werkstätte
- Blinden- und Sehbehindertendienst
- Brot für die Welt
- Bruderschaften in der Diakonie
- Diakonisches Jahr
- Diakonie- und Sozialstation
- Dienste in Übersee
- Ehe-, Familien- und Lebensberatung
- Frauen- und Kinderschutzhaus
- Gefährdetenhilfe
- Gefangenenseelsorge
- Hausaufgabenbetreuung
- Haus- und Familienpflege
- Katastrophenhilfe
- Kinder- und Jugendhilfe
- Krankenhäuser
- Krankenpflegeschulen
- Krankenhausseelsorge
- Mehrfachbehinderteheim
- Menschen unterwegs
- Mitternachtsmission
- Nichtseßhaftenhilfe
- Nachbarschaftshilfe
- Offene Jugendarbeit
- Psychologische Beratungsstelle
- Resozialisierung
- Schuldnerberatung
- Schwerbehindertenheim
- Schwesternschaften
- Sitzwache
- Streetwork
- Telefonseelsorge
- Wohnheime für Behinderte

Arbeitsauftrag

Was kennst du schon?

Was möchtest du noch kennen lernen?

M 2

Verantwortung übernehmen

Arbeitsauftrag

Wir haben uns entschieden, unsere 100,–DM dieser Einrichtung der Diakonie zu geben:

Begründungen:

1. ______________________________

2. ______________________________

3. ______________________________

M 3

Zeichen und Zahlen

Diakonie

caritas

Arbeitsauftrag

Nun schätz' mal!

Hauptamtliche Mitarbeiter	○ 40 000	○ 400 000	○ 4 000 000
Einrichtungen insgesamt	○ 30 000	○ 300 000	○ 3 000 000
Davon stationäre Einrichtungen	○ 5 000	○ 50 000	○ 500 000
und teilstationäre Einrichtungen	○ 1 100	○ 11 000	○ 110 000
Ausbildungsstätten	○ 55	○ 550	○ 5 500
Zahl der Betten und Heimplätze	○ 100 000	○ 1 000 000	○ 10 000 000

M 4 Der Trottel

In unserem Dorf gab es einen Mann, der hieß Ignaz. „Der Dorftrottel", sagten die Erwachsenen. Man sah schon von weitem, dass mit ihm nicht alles in Ordnung war. Er grinste immer, auch wenn es nichts zu grinsen gab, und wo er auch war, sprach er mit sich selber. „Der hat's gut gehabt", flüsterten sich die Kinder zu, „der ist nie in die Schule gegangen, weil er zu dumm war." [...]
Ignaz wohnte in einem kleinen Raum hinter der Garage von Willrichs. Wir schauten manchmal durch das Fenster hinein. Da stand nur ein Bett, und an der Wand waren ein paar Haken, daran hing sein Mantel, wenn er daheim war. Ignaz war immer allein. Nie kam Besuch zu ihm. Er saß auf dem Bett und sprach mit sich selber. Dann klopften wir an die Scheibe, und wenn er seinen Kopf umdrehte, duckten wir uns unter das Fenster. Das machten wir oft, aber er merkte gar nicht, dass wir ihn an der Nase herumführten.
Ignaz tat den ganzen Tag nichts. Er stand auf dem Marktplatz herum, trottete hin, wo es etwas zu sehen gab, und grinste denen zu, die vorüberkamen. Er beugte sich über alle Kinderwagen und streichelte Katzen und Hunde. Manchmal führte er ein dickes kleines Mädchen an der Hand. Sobald die Sonne unterging, verschwand er in seinem Zimmer.
„Er taugt zu nichts", sagte mein Onkel, der Bürgermeister. „Er ist ein unnützer Esser."
„Aber die Hunde und Katzen mögen ihn", antwortete die Großmutter.
Wir Großen hatten einen Spielplatz, aber nun wurde auch ein Spielplatz für die ganz Kleinen eingerichtet. Über den neuen Zaun schauten wir den Arbeitern zu, die einen Sandkasten anlegten. Sie stellten auch ein Klettergerät und eine kleine Schaukel auf. Alles war schön bunt gestrichen.
„Wann wird der Spielplatz eröffnet?" fragte ich den Onkel.
„Noch nicht", antwortete er. „Wir haben noch keinen Platzwärter."
„Wozu braucht ihr einen Platzwärter?"
„Die Kinder, die auf dem Platz spielen sollen, sind noch klein. Es muss jemand auf sie aufpassen. Die Männer können ja nicht die ganze Zeit dabeistehen. Man braucht viel Geduld dazu."
„Ich wüsste jemand", sagte die Großmutter. „Den Ignaz."
„Was?" rief der Onkel. „Den Dorftrottel?"
„Mit Hunden und Katzen versteht er's. Warum sollte er's nicht auch mit Kindern verstehen? Ich habe ihn manchmal mit Willrichs kleiner Enkelin spielen sehen. Er geht mit ihr spazieren, obwohl sie noch nicht gut laufen kann. Er hat Geduld mit ihr. Er spricht mit ihr. Geh doch mal zu Willrichs und erkundige dich!"
Der Onkel ging und kam nach einer Weile wieder.
„Na?" fragte die Großmutter.
„Sie sagen, es gäbe kein besseres Kindermädchen als ihn."
„Dann versucht es doch mit ihm!"
Der Onkel kratzte sich nachdenklich hinterm Ohr.
„Ich weiß nicht, ob da die Mütter mitmachen", sagte er.
Am Nachmittag sah ich ihn mit Ignaz auf dem Spielplatz stehen. Ignaz grinste und nickte. Und am nächsten Morgen stand das Tor zum Spielplatz weit offen. Die Kleinen durften hineingehen und spielen. Ignaz war auch da, er hatte sogar eine Krawatte um. Eine große Trillerpfeife hing an einer Schnur um seinen Hals.
Er nahm einen Jungen auf den Arm, einen ganz kleinen, der sich vor den vielen Kindern fürchtete. Er schaukelte ihn, bis der Kleine wieder getröstet war. Er setzte ein Mädchen auf die Schaukel und schubste es vorsichtig an, bis es vor Vergnügen jauchzte. Er zog zwei Zankhähne im Sandkasten auseinander. Als ein Hund hereingelaufen kam und die Kinder beschnüffeln wollte, jagte er ihn hinaus.
Ein paar Mütter schauten zu. Wir waren auch da.
„Er macht es gut", sagten sie.
Ein großer Junge wollte durch das Tor hineingehen.
„Bleib draußen!" riefen die Mütter hinter dem Zaun. Aber er kümmerte sich nicht darum. Da wurde Ignaz bitterböse.
„Nur die Kleinen!" rief er und hob drohend die Hand.
„Wirst du wohl verschwinden!" riefen die Mütter. „Lass den Ignaz in Ruhe!"
„Ignaz, Piepmatz, schrumm, schrumm, schrumm", fing der Junge an zu plärren. Aber keiner von uns brüllte mit. Da verzog er sich.
Zu Mittag ging im Haus meines Onkels, das dem Spielplatz gegenüber lag, ein Fenster auf. „Zwölf Uhr!" rief mein Onkel.
Ignaz winkte aufgeregt hinüber, nahm dann die Trillerpfeife und pfiff. Da kamen die Mütter aus allen Ecken des Dorfes herbei und holten die Kinder ab.
„Sagte dem Onkel Ignaz Auf Wiedersehen" riefen sie. Die kleinen gaben Ignaz alle nacheinander die Hand. Am Nachmittag waren sie wieder da, und noch andere kamen. Am Abend, als der Onkel „Sechs Uhr!" aus dem Fenster rief und Ignaz auf seiner Pfeife trillerte, gaben ihm nicht nur die Kleinen, sondern auch die Erwachsenen die Hand und sagten: „Danke, Ignaz. Komm morgen wieder! Du hast es großartig gemacht." Ignaz war sehr stolz. Er nickte und grinste.
Er bekam sogar einen Lohn für seine Arbeit. Jetzt konnte er sich einen neuen Mantel für den Winter kaufen. Niemand mehr sagte: „Da kommt der Dorftrottel!" Alle grüßten ihn und waren freundlich zu ihm. Das Lesen lernte er zwar nie, aber es geschah etwas Merkwürdiges. Er hörte auf, mit sich selber zu sprechen. Er sprach ja jetzt den ganzen Tag mit den Kindern. Als er einmal zwei Tage lang krank war, fragte das ganze Dorf nach ihm, und der Onkel jammerte: „Was machen wir ohne ihn?"
„Siehst du", sagte die Großmutter.

M 1

Pro und Contra

An unsere Schulleitung ist der Antrag gestellt worden, zwei körperbehinderte Schüler – beide sind auf Rollstühle angewiesen – vom nächsten Schuljahr an in eure Klasse aufzunehmen. Demnächst werden Elternvertretung und Lehrerkonferenz darüber beraten. Beide Gremien wünschen, dass auch ihr eure Meinung dazu sagt und einen Beschluss fasst.

✔ **PRO**-Argumente	✘ **CONTRA**-Argumente

Unser Beschluss lautet:

____

____

____

Er wurde mit ( ) Ja-Stimmen und ( ) Nein-Stimmen bei ( ) Enthaltungen gefasst.

M 2

Pro Klasse zwei behinderte Schüler

Neckargemünder Gymnasium startet Modellversuch

Foto: Rolf Schultes/drumlin

joe. HEIDELBERG/NECKARGEMÜND. Eltern, die für ihre Kinder eine Ganztagesbetreuung im Gymnasium wünschen, bietet die Stiftung Rehabilitation Heidelberg vom Schuljahr 1994/95 an ein neues Schulprojekt. Im Rahmen eines Modells sollen in einer Klasse des Gymnasiums der Einrichtung in Neckargemünd erstmals nichtbehinderte Schüler aufgenommen und gemeinsam mit behinderten Kindern unterrichtet werden. Die Schule besteht seit 20 Jahren, sie gehört zum Rehabilitationszentrum und hat derzeit knapp 400 Schüler. Vom nächsten Schuljahr an soll hier eine neue Klasse überwiegend für nichtbehinderte Kinder eingerichtet werden, jährlich soll eine neue gemischte Klasse hinzu kommen und so ein neuer Schulzug aufgebaut werden.

Das Besondere an dem in Baden-Württemberg einmaligen Modell: Die gemischten Klassen sollen höchstens zwölf Schüler haben, Ganztagesbetreuung soll die Regel sein. Pro Klasse werden zwei behinderte Kinder aufgenommen. Die Schüler können in der Mensa des Zentrums zu Mittag essen, sie werden auch nachmittags bei Hausaufgaben und Freizeitgestaltung betreut. Für die nichtbehinderten Schüler betragen die Kosten monatlich 250 Mark.

Nachdem die Integration behinderter Kinder in den Regelschulen des Landes zum Leidwesen vieler Eltern in den vergangenen Jahren sehr oft an starren Regelungen und unnachgiebigen Schulverwaltungen scheiterte, geht man in Neckargemünd jetzt also den umgekehrten Weg und öffnet ein bestehendes Sondergymnasium auch für Gesunde. Der Modellversuch werde nach Zustimmung des Kultusministeriums „erst- und einmalig“ in Baden-Württemberg durchgeführt, heißt es in einer Pressemitteilung des Rehazentrums. Erleichtert wurde der Start des Modells offenbar auch dadurch, dass in Neckargemünd die Zahlen behinderter Schüler am Gymnasium zurückgehen.

aus: Stuttgarter Zeitung, 7. Februar 1994

M 1

Brotmeditation

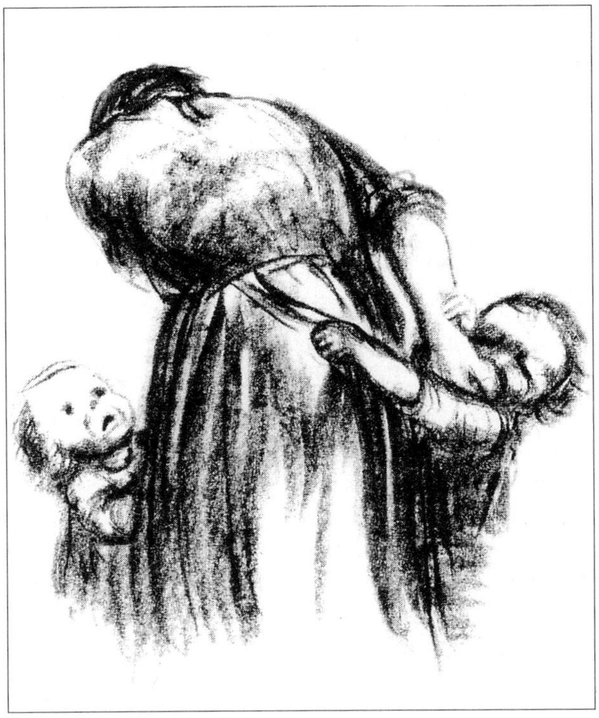

Käthe Kollwitz, „Brot“ © VG Bild-Kunst, Bonn 1999

Brot ist Liebe.
Genauer gesagt:
Durch Brot kann man Liebe fühlen,
kosten, genießen, essen, in sich aufnehmen.
Liebe ist das Herz des Brotes.
Liebe teilt. Teilt mit, teilt sich mit.
Brot teilen heißt: sich mitteilen.
Durch Teilen wird Brot mehr.
Brot für die Vielen, für alle.
Brot ist Leben.
Wer Brot gibt, gibt Leben.
Wo Brot, wo Leben geteilt wird,
wird es immer mehr, nie weniger.
Brot wird jetzt wieder lebendig.
Und es macht auch lebendig.
Durch das eine Brot werden die Vielen,
die es essen, eins:
sie werden durch das Brot geeint.
Das Brot, das Mahl, hat eine einende Kraft,
das heißt, es macht aus uns eine Gemeinschaft.
Wir alle werden das eine Brot essen.
Wenn ein Stück Brot sprechen könnte,
was müsste es erzählen aus seinem Leben.
Durch Teilen und Austeilen,
durch das Schenken
bin ich selbst wieder mehr geworden.

„Brot und Wein“ von Elmar Gruber
© impuls studio münchen

© Lothar Nahler, Hillesheim

© Mauritius

M 2

Brot, das tröstet

An der Jakobstraße in Paris liegt ein Bäckerladen; da kaufen viele hundert Menschen ihr Brot. Der Besitzer ist ein guter Bäcker. Aber nicht nur deshalb kaufen die Leute des Viertels dort gern ihr Brot. Noch mehr zieht sie der alte Bäcker an: der Vater des jungen Bäckers. Meistens ist nämlich der alte Bäcker im Laden und verkauft.

Dieser alte Bäcker ist ein spaßiger Kerl. Manche sagen: Er hat einen Tick. Aber nur manche; die meisten sagen: Er ist weise, er ist menschenfreundlich. Einige sagen sogar: Er ist ein Prophet. Aber als ihm das erzählt wurde, knurrte er vor sich hin: „Dummerei …"

Der alte Bäcker weiß, dass man Brot nicht nur zum Sattessen brauchen kann, und gerade das gefällt den Leuten. Manche erfahren das erst beim Bäcker an der Jakobstraße, zum Beispiel der Omnibusfahrer Gerard, der einmal zufällig in den Brotladen an der Jakobstraße kam. „Sie sehen sehr bedrückt aus", sagte der alte Bäcker zum Omnibusfahrer. „Ich habe Angst um meine kleine Tochter", antwortete der Busfahrer Gerard. „Sie ist gestern aus dem Fenster gefallen, vom zweiten Stock."

„Wie alt?" fragte der Bäcker.

„Vier Jahre", antwortete Gerard.

Da nahm der alte Bäcker ein Stück vom Brot, das auf dem Ladentisch lag, brach zwei Bissen ab und gab das eine Stück dem Busfahrer Gerard.

„Essen Sie mit mir", sagte der alte Bäcker zu Gerard, „ich will an Sie und Ihre kleine Tochter denken". Der Busfahrer Gerard hatte so etwas noch nie erlebt, aber er verstand sofort, was der alte Bäcker meinte, als er ihm das Brot in die Hand gab. Und sie aßen beide ihr Brotstück und schwiegen und dachten an das Kind im Krankenhaus. Zuerst war der Busfahrer Gerard mit dem alten Bäcker allein. Dann kam eine Frau herein. Sie hatte auf dem nahen Markt zwei Tüten Milch geholt und wollte nun eben noch Brot kaufen. Bevor sie ihren Wunsch sagen konnte, gab ihr der alte Bäcker ein kleines Stück Weißbrot in die Hand und sagte: „Kommen Sie, essen Sie mit uns: Die Tochter dieses Herrn liegt schwer verletzt im Krankenhaus – sie ist aus dem Fenster gestürzt. Vier Jahre ist das Kind. Der Vater soll wissen, dass wir ihn nicht allein lassen."

Und die Frau nahm das Stück Brot und aß mit den beiden. –

So war das oft in dem Brotladen, in dem der alte Bäcker die Kunden bediente. Aber es passierte auch anderes, über das sich die Leute noch mehr wunderten. Da gab es zum Beispiel eine Geschichte mit Gaston:

An einem frühen Morgen wurde die Ladentür aufgerissen, und ein großer Kerl stürzte herein. Er lief vor Jemandem fort; das sah man sofort. Und da kam ihm der offene Bäckerladen gerade recht: Er stürzte also herein, schlug die Tür hastig hinter sich zu und schob den Riegel von innen vor.

„Was tun Sie denn da?" fragte der alte Bäcker. „Die Kunden wollen zu mir herein, um Brot zu kaufen. Machen Sie die Tür sofort wieder auf."

Der junge Mann war ganz außer Atem. Und da erschien vor dem Laden auch schon ein Mann wie ein Schwergewichtsboxer, in der Hand eine Eisenstange. Als er im Laden den jungen Kerl sah, wollte er auch hinein. Aber die Tür war verriegelt.

„Er will mich erschlagen", keuchte der junge Mann.

„Wer? Der?" fragte der Bäcker.

„Mein Vater", schrie der junge Mann, und er zitterte am ganzen Leibe. „Er will mich erschlagen. Er ist jähzornig. Er ist auf neunzig!"

„Das lass mich nur machen", antwortete der Bäcker, ging zur Tür, schob den Riegel zurück und rief dem schweren Mann zu: „Guten Morgen, Gaston! Am frühen Morgen regst du dich schon so auf? Das ist ungesund. So kannst du nicht lange leben. Komm herein, Gaston. Aber benimm dich. Lass den Jungen in Ruh! In meinem Laden wird kein Mensch umgebracht."

Der Mann mit der Eisenstange trat ein. Seinen Sohn schaute er gar nicht an. Und er war viel zu erregt, um dem Bäcker antworten zu können. Er wischte sich mit der Hand über die feuchte Stirn und schloss die Augen. Da hörte er den Bäcker sagen: „Komm, Gaston, iss ein Stück Brot; das beruhigt. Und iss es zusammen mit deinem Sohn, das versöhnt. Ich will auch ein Stück Brot essen, um euch bei der Versöhnung zu helfen." Dabei gab er jedem ein Stück Weißbrot. Und Gaston nahm das Brot, auch sein Sohn nahm das Brot. Und als sie davon aßen, sahen sie einander an, und der alte Bäcker lächelte beiden zu. Als sie das Brot gegessen hatten, sagte Gaston: „Komm, Junge, wir müssen an die Arbeit."

Heinrich A. Mertens

aus: „Besinnung am Morgen". Hrsg. von den Bischöflichen Ordinariaten in Freiburg und Rottenburg sowie von den evangelischen Oberkirchenräten in Karlsruhe und Stuttgart Marie-Luise Lauer, Gerhard Martin u. a. Nr. 13 Brot

M 1

Wie ist es dir ergangen?

Arbeitsauftrag

1. Bei welcher Vorstellung hattest du die größeren Bedenken?

   Dort, wo du etwas tun solltest? ◌ *Dort, wo etwas mit dir geschehen sollte?* ◌

2. Was für Gefühle begleiteten dich bei deiner passiven Rolle?

   ____

3. Welche Gefühle begleiteten dich bei deiner aktiven Rolle?

   ____

4. Welche Rolle hältst du für die schwerere Rolle?

   ____

5. Was bedeutet das deiner Meinung nach für die Menschen in helfenden Berufen bzw. in der Diakonie?

   ____

6. Was wollte Jesus wohl damit sagen, dass er seinen Jüngern die Füße wusch?

   ____

7. Notiere Sagen- oder Mythengestalten, in denen nicht das Dienen, sondern die Gewalt, die Macht oder die Herrschaft eine Rolle spielen:

   ____

Jesus spricht:
... der Menschensohn ist nicht gekommen,
dass er sich dienen lasse, sondern dass er diene ...

Matthäus 20/21

M1

Gerhard Mester. © CCC, München

Arbeitsauftrag

Überlege:

Welche Gründe können zu dem Zusammenbruch der Krankenschwester geführt haben?

M 2

Was sagst du dazu?

Da kam ein Gesetzeslehrer und wollte Jesus auf die Probe stellen; er fragte ihn: „Lehrer, was muss ich tun, um das ewige Leben zu bekommen?"
Jesus antwortete: „Was steht denn im Gesetz? Was liest du dort?"
Der Gesetzeslehrer antwortete: „Liebe den Herrn, deinen Gott, von ganzem Herzen, mit ganzem Willen und mit aller deiner Kraft und deinem ganzen Verstand! Und: Liebe deinen Mitmenschen wie dich selbst!"
„Du hast richtig geantwortet", sagte Jesus. „Handle so, dann wirst du leben."
Aber dem Gesetzeslehrer war das zu einfach und er fragte weiter: „Wer ist denn mein Mitmensch?"
Jesus nahm die Frage auf und erzählte die folgende Geschichte:
„Ein Mann ging von Jerusalem nach Jericho hinab. Unterwegs überfielen ihn Räuber. Sie nahmen ihm alles weg, schlugen ihn zusammen und ließen ihn halbtot liegen.
Nun kam zufällig ein Priester denselben Weg. Er sah den Mensch liegen und ging vorbei. Genauso machte es ein Levit, als er an die Stelle kam: Er sah ihn liegen und ging vorbei.
Schließlich kam ein Reisender aus Samarien. Als er den Überfallenen sah, ergriff ihn das Mitleid. Er ging zu ihm hin, behandelte seine Wunden mit Öl und Wein und verband sie. Dann setzte er ihn auf sein eigenes Reittier und brachte ihn in das nächste Gasthaus, wo er sich weiter um ihn kümmerte.
Am anderen Tag zog er seinen Geldbeutel heraus, gab dem Wirt zwei Silberstücke und sagte: ‚Pflege ihn! Wenn du noch mehr brauchst, will ich es dir bezahlen, wenn ich zurückkomme'."
„Was meinst du?" fragte Jesus. „Wer von den dreien hat an dem Überfallenen als Mitmensch gehandelt?"
Der Gesetzeslehrer antwortete: „Der ihm geholfen hat!"
Jesus erwiderte: „Dann geh und mach du es ebenso!"

Lukas, 10

Arbeitsauftrag

Lies das Gleichnis „Vom barmherzigen Samariter" noch einmal und ordne den folgenden Aussagen die passenden Verse zu:

1. Das Mitleid ist eine starke Kraft im Menschen. Vers: ____________
2. Wer helfen will, muss bereit sein zu geben. Vers: ____________
3. Der Helfende soll Hilfe anderer annehmen. Vers: ____________
4. Der Helfende darf sich auch um seine Angelegenheiten kümmern. Vers: ____________

M 3

Der bessere barmherzige Samariter

Da ging der Samariter ein zweites Mal nach Jericho, fand einen zweiten Verwundeten, las ein zweites Mal auf. Ging ein drittes, ein viertes, ein fünftes Mal den gleichen Weg und fand jedes Mal einen Verwundeten. Er ging hundert Mal und fand hundert Mal. Ging tausend Mal und fand tausend Mal... Und immer an der gleichen Stelle.

Als er zum 2333. Mal von Jerusalem nach Jericho ging, dachte er bei sich: Es liegt bestimmt wieder einer da... und stolperte darüber..., holte dann, wie üblich, den üblichen Vorrat aus der Satteltasche und begann mit üblicher Sorge, diesen neuesten, 2333. Verwundeten übungsgemäß zu salben und zu wickeln. Um ihn abschließend – weil Übung den Meister macht – mit einem einzigen Ruck auf den Esel zu verladen..., der auch sofort davon lief, in üblicher Richtung auf die Herberge. Und dort auch richtig ankam, der Esel mit dem Verwundeten... diesmal bloß zu zweit, ohne den Samaritaner. Der war nämlich in der Wüste geblieben, um dort zunächst einmal ein Räubernest auszuspionieren...

Als er über seinen 2333. Verwundeten stolperte, war ihm nämlich plötzlich eine Erleuchtung gekommen: dass es eine bessere Qualität von Barmherzigkeit sei, sich vorsorglich, und zwar resolut, mit dem Räubernest zu befassen, statt nachträglich Heftpflaster auszuteilen... Er merkte sich das Rezept. Und war von da ab, mit immer weniger Arbeit, ein immer besserer und noch besserer Samariter...

Ernst Schnydrig

aus: Ernst Schnydrig, „So gute Augen für Zachäus"

M 4

Francesco Bassano, „Der barmherzige Samariter".

M 1

Griechisch in Jerusalem?

Das Innere des Tempelbereichs ist für die Heiden nicht zugänglich. Eine Abschrankung mit griechischen Inschriften verbietet den Zugang. Zwei mit einer siebenzeiligen Inschrift versehene, etwa 0,60 m hohe, 0,90 m breite und 0,37 m tiefe Kalksteinblöcke sind gefunden worden.

aus: Walter Bühlmann, Wie Jesus lebte. rex verlag luzern. 3. Aufl. 1994

M 2

Streit in der Urgemeinde

Nikanor begrüßte Daniel schon an der Tür: „Schön, dass du kommst und so viel zu essen mitgebracht hast! Wir haben Abend für Abend mehr Sorgen, alle satt zu bekommen.“ Daniel schien nicht besorgt zu sein. „Ist doch gut“, meinte er, „wenn wir immer mehr werden! Ich finde es nicht schlecht, wenn so viele Menschen ihr Ja zu Jesus Christus finden und ihr Leben nach seinen Worten ausrichten wollen.“
„Natürlich, klar“, räumte Nikanor ein, „aber Tagelöhner und Hilfsarbeiter, die Witwen und die Sklaven bringen nichts oder nur sehr wenig zu unseren gemeinsamen Mahlzeiten mit. Am Ende wird bei der Agape keiner mehr satt!“
In diesem Augenblick ging Chloe vorbei, eine von den griechisch sprechenden Christinnen. Sie wollte in den Raum hineingehen, nun aber blieb sie stehen. Sie hatte die letzten Worte gehört und schien mächtig wütend zu sein. „Wenn das so weitergeht“, giftete sie zu den beiden an der Tür hin, „dann bleibe ich weg! Dann könnt ihr eure Agapen allein feiern! Erstens gibt es nicht mehr genug zu essen, und zweitens wird das Essen nicht mehr gerecht verteilt. Agape, Liebesmahl! Dass ich nicht lache! Gestern sind wir griechisch sprechenden Witwen wieder eindeutig benachteiligt worden! Die anderen haben sich auch beklagt, und die griechisch sprechenden Mütter haben uns zugestimmt. Ist doch klar: In Jerusalem gelten eben die mehr, die aramäisch sprechen! Ich hätte nicht gedacht, dass es auch unter den Chris-ten solche Unterschiede gibt. Aber das sage ich euch: Ich gehe zu den Aposteln. Ich werde mich bei ihnen beschweren! Diese Ungerechtigkeit ärgert mich gewaltig! So darf das doch nicht weitergehen bei uns! Hat nicht Jesus uns gelehrt, wie Geschwister miteinander umzugehen?“
Die beiden Männer waren gar nicht mehr zu Wort gekommen. Sie hatten nur schweigend dem Zornesausbruch zuhören können. Nun aber holte Daniel tief Luft und meinte zu Nikanor: „Na, die ist aber ganz schön in Fahrt! Da bin ich gespannt, was den Aposteln dazu einfallen wird ...!“

Zu Apostelgeschichte 6/1–7; die Autoren

M 1 Zum Nachdenken

Gerhard Mester. © CCC, München

M 2 Was ist der Mensch?

1. *„Wir fühlen, dass selbst, wenn alle möglichen wissenschaftlichen Fragen beantwortet sind, unsere Lebensprobleme noch gar nicht berührt sind."*
(Ludwig Wittgenstein)

2. „Gott schuf den Menschen zu seinem Bilde, zum Bilde Gottes schuf er ihn; und schuf sie als Mann und Weib.

3. „Der Mensch besteht aus fünf Pfund Kalzium, anderthalb Pfund Phosphor, 220 Gramm Kalium, 150 Gramm Schwefel, Salz, Magnesium, Eisen, Kupfer und Jod. Macht zusammen 25 Mark und 69 Pfennige."
(Dr. Daniel Callahan, Washington)

4. *Als die alte Dame erfuhr, dass ich künftig in einer Behinderteneinrichtung arbeiten werde, fragte sie mich erstaunt und fast ein wenig verärgert: „Ja, lohnt sich das denn?"* *(Ein Pfarrer)*

5. *„Wir brauchen jemand, der uns hebe und halte, weil wir leben, und uns die Hand unter den Kopf lege, wenn wir sterben sollen."*

Arbeitsauftrag

In der Diakonie wird gesagt: „Zum Menschen gehört mehr als man messen und zählen kann."
Was könnte wohl damit gemeint sein?

M 3

Sieh, sie brauchen irgendeinen ...

Sieh, sie brauchen irgendeinen,
der dabei ist in der Nacht,
wenn ihr weher Atem wacht,
wenn sie einsam sind und weinen.

Sieh, sie müssen einen finden,
der sie schon im Schweigen kennt,
der, eh man die Wunde nennt,
schon am Werk ist zu verbinden.

Meinst du Herr, ich könnte lesen
mit der armen Augen Kraft,
wo sie kranken und genesen?

Sieh, ich möchte mich verteilen
wie der Becher seinen Saft.
Heiland, gib mir Kraft zu heilen.

Albrecht Goes

M 4

Psalm 8

2 HERR, unser Herrscher!
Groß ist dein Ruhm auf der ganzen Erde!
Deine Hoheit reicht höher als der Himmel.

3 Aus dem Lobpreis der Schwachen und
Hilflosen baust du eine Mauer,
an der deine Widersacher und Feinde
zu Fall kommen.

4 Ich bestaune den Himmel,
das Werk deiner Hände,
den Mond und all die Sterne,
die du geschaffen hast:
5 Wie klein ist da der Mensch!
wie gering und unbedeutend!
Und doch gibst du dich mit ihm ab
und kümmerst dich um ihn!

6 Ja, du hast ihm Macht und Würde verliehen;
es fehlt nicht viel, und er wäre wie du.
7 Du hast ihn zum Herrscher gemacht
über deine Geschöpfe,
alles hast du ihm unterstellt:
8 die Schafe, Ziegen und Rinder,
die Wildtiere in Feld und Wald,
9 die Vögel in der Luft
und die Fische im Wasser,
die kleinen und die großen,
alles, was die Meere durchzieht.

10 HERR, unser Herrscher,
groß ist dein Ruhm auf der ganzen Erde!

Psalm 8, V. 2–10

M 1

Ein Fragebogen

Was ich in der Kirche für vorrangig und für nachgeordnet halte:			
Zwanzig kirchliche Arbeitsbereiche	**unverzichtbar**	**wichtig**	**weniger wichtig**
1. Bildungsarbeit (Erwachsenenbildung, gesellschaftsbezogene Arbeit, Arbeitswelt, Politik)	◯	◯	◯
2. Diakonie (etwa Diakoniestationen, Behinderte, Pflegedienste, Arbeitslose, Beratung, Krisen- u. Notsituationen, Randgruppen)	◯	◯	◯
3. Ehrenamtliche Mitarbeiter (Schulung, Fortbildung)	◯	◯	◯
4. Evangelisation und Volksmission	◯	◯	◯
5. Frauen- und Männerarbeit (in Gemeinde und übergemeindlich)	◯	◯	◯
6. Gemeinschaft (Gemeindefeste, Basar, Urlaubsangebote, Freizeit, Geselligkeit, Unterhaltung)	◯	◯	◯
7. Gottesdienste und Verkündigung	◯	◯	◯
8. Jugendarbeit und Arbeit mit Kindern	◯	◯	◯
9. Kindergarten, Kindertagesstätten	◯	◯	◯
10. Kirchenmusik	◯	◯	◯
11. Kirchliche Berufe: Ausbildung und Fortbildung (etwa Pfarrer, Diakone, Katecheten, Mesner)	◯	◯	◯
12. Kunst in der Kirche	◯	◯	◯
13. Medien (Presse, Radio, Fernsehen, Film, Öffentlichkeitsarbeit)	◯	◯	◯
14. Mission, Weltmission	◯	◯	◯
15. Ökumene (Weltchristenheit, Junge Kirchen, Konfessionen)	◯	◯	◯
16. Religionsunterricht und Konfirmandenunterricht	◯	◯	◯
17. Seelsorge (Hausbesuche, Krankenhaus, Gefängnis, Telefon)	◯	◯	◯
18. Seniorenarbeit (Arbeit mit alten Menschen)	◯	◯	◯
19. Theologisch-biblische Arbeit (Glaubensinformation, Lehre, Forschung)	◯	◯	◯
20. Weltanschauungsarbeit (Sondergemeinschaften, Religionen)	◯	◯	◯

aus: Evangelisches Gemeindeblatt, 22.. August 1994/Nr. 35, S. 23

M 2

Prioritäten in der Kirche

Was die Leser-Umfrage ergibt

Von Andreas Rössler

Unerwartet groß war die Beteiligung an der Leser-Umfrage zum Thema „Prioritäten in der Kirche". Der Fragebogen im Gemeindeblatt 35/1994, Seite 22, mit zwanzig kirchlichen Arbeitsbereichen, bei denen „unverzichtbar", „wichtig" oder „weniger wichtig" angekreuzt werden konnte, wurde über 5000 Mal ausgefüllt an die Redaktion geschickt. 4640 Blätter wurden ausgewertet. Die übrigen etwa 500 Fragebögen trafen zu spät ein, oder es fehlten die Angaben zu Geschlecht und Altersgruppe. Drei Auszubildende des Quell Verlags ermittelten in mühevoller Kleinarbeit mit Hilfe von Strichlisten die Ergebnisse. Da man auch Kopien des Fragebogens ausgefüllt zurückschicken konnte, beteiligten sich Schulklassen, Kirchen, Posaunen- und Jugendchöre, Hauskreise und in großer Zahl Teilnehmer an Veranstaltungen des Hospitalhofs Stuttgart.

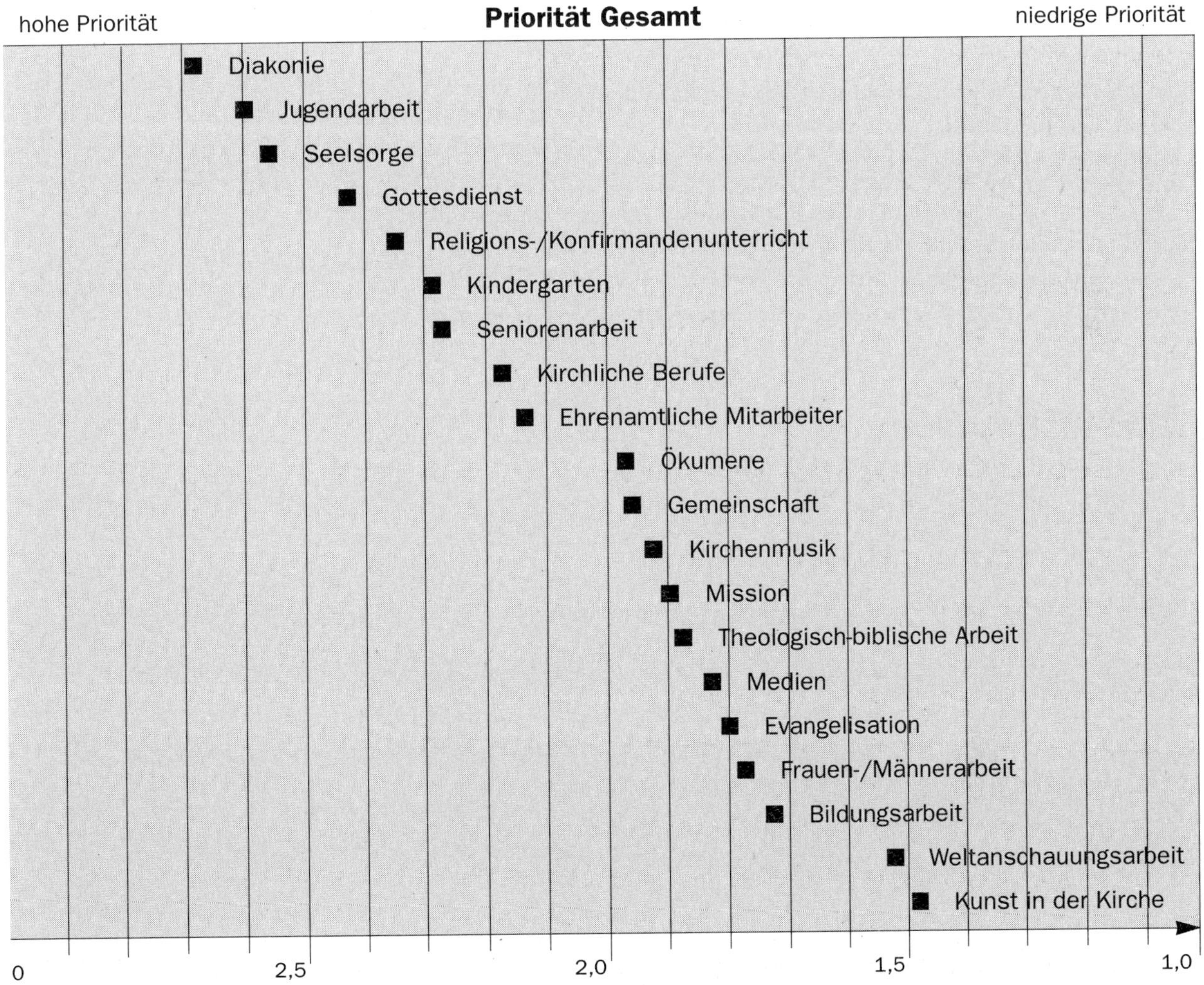

aus: Evangelisches Gemeindeblatt, 13. November 1994/Nr. 46 S. 16 und 17

M 3

Ein Bischof beschreibt die Diakonie

Vor diesem Hintergrund gilt es, das Verhältnis von Diakonie und Kirche kritisch zu beobachten, vielleicht auch, um es zu entkrampfen und nüchterner einzuschätzen.
Was meinen wir, wenn wir „Diakonie“ sagen?

- Wir finden das Wort „Diakonie“ in der Bibel, und zwar dort zentral zur Bezeichnung von Gottes Handeln in Jesus Christus zum Heil der Menschen. Jesus sagt von sich (Mt 20,28), dass „der Menschensohn nicht gekommen ist, dass er sich dienen lasse, sondern dass er diene und gebe sein Leben zu einer Erlösung für viele“.

Jesu Leiden und Sterben werden im Neuen Testament als Dienst für uns in den Mittelpunkt gestellt. Wir begegnen dort kühnsten Korrekturen der alten messianischen Erwartung. Dieser Herr herrscht, indem er dient. Im Abendmahl, in dem die christlichen Gemeinden an Jesu Leiden, Sterben und Auferstehen Anteil erhalten, hat die Diakonie deswegen ihren ursprünglichen „Sitz im Leben“. Die Armenspeisungen – die urtümlichste Form gemeindlicher Diakonie – finden im gottesdienstlichen Zusammenhang statt.

- Mit „Diakonie“ bezeichnen wir – zweitens – als Folge ein Leben und Handeln von Christinnen und Christen zum Wohl ihrer Mitmenschen. Die ersten christlichen Gemeinden sind diakonisch.

„Diakonisch“ nennen wir ein Hilfehandeln, das seine Motivation aus dem Glauben schöpft und sich im Vollzug am Handeln Jesu orientiert. „Diakonisch“ meint, dass die Tat dem jeweils Schwächeren, Ärmeren, Hilflosen gilt – als Ausdruck der Solidarität.

- Mit „Diakonie“ bezeichnen wir – drittens – die Gesamtheit derjenigen Institutionen, die sich aufgrund von christlich motivierten oder kirchlichen Initiativen gebildet haben, um Hilfeleistungen für Notleidende Menschen berechenbar zu machen und kontinuierlich anbieten zu können. In ihrer Gesamtheit organisieren sich diese Institutionen unter der Bezeichnung „Diakonie“ im Diakonischen Werk.
- Mit „Diakonie“ bezeichnen wir daraus folgend das soziale und gesellschaftliche Handeln der Kirche. So wird die Verantwortung der Kirche für die gesellschaftlichen Verhältnisse und die Beteiligung an deren Gestaltung als „gesellschaftliche Diakonie“ bezeichnet. Das sozial- und gesellschaftspolitische Handeln zielt nicht auf den Selbsterhalt der Kirche, sondern auf einen Dienst in Staat und Gesellschaft, der sich aus erfahrener Christusliebe speist.

Bericht von Landesbischof Eberhard Renz vor der württembergischen Evangelischen Landessynode am 10. April 1997

Arbeitsauftrag

Schreibe hier die vier Aspekte der Diakonie auf, die Bischof Renz nennt:

1. ____________________

2. ____________________

3. ____________________

4. ____________________

M 1

Zwei Heilige

Aus der „Legenda aurea“:
„…also suchte Laurentius Tag und Nacht die Christen mit Fleiß und gab einem jeglichen nach seiner Nothdurft… Decius sprach zu ihm: „Wo sind die Schätze der Kirche, welche du verborgen hast?“ … In diesen … Tagen sammelte Laurentius alle Armen, Lahmen und Blinden und brachte sie in den Palast des Salustius vor den Kaiser Decius und sprach: „Siehe, dies sind die ewigen Schätze…“

Gunther Schilling, „Laurentius“ (Bronze)

Der heilige Laurentius. Um 250 n. Chr., Märtyrer, Archidiakon, unter Papst Sixtus für das Vermögen der Kirche zuständig, das er wegen der Verfolgungen an die Armen verteilt. Deshalb wird er selbst gefangen genommen, gefoltert und auf einem Rost langsam zu Tode gemartert.

Der heilige Nikolaus. Im Unterschied zu anderen Heiligen gleichen Namens: Nikolaus von Myra, Bischof von Myra (in Lykien, Kleinasien), um 350 n. Chr., gilt als Wohltäter der Armen und Bedrängten, besonders der Seefahrer. Sein Gedenktag ist der 6. Dezember.

Aus der „Legenda aurea“:
„… Darnach ward ein großer Hunger in dem Lande, da Sanct Nicolaus Bischof war … Auf dieselbe Zeit ward Sanct Nicolaus gesagt, dass Schiffe mit Weizen wohl geladen in den Hafen eingelaufen wären. Da ging er hin und bat die Schiffleute, dass sie aus jeglichem Schiff nur hundert Maß Weizen wollten geben, die Hungernden zu retten … (Er sprach) Und ich schwöre euch bei der Kraft Gottes, dass ihr keine Minderung haben werdet an eurem Korn gegen des Kaisers Kornmesser … Und da sie vor die Diener des Kaisers kamen, hatten sie so viel Maß Kornes, als sie … hatten.“

Arbeitsauftrag

1. Was sind nach eurer Meinung heute die „ewigen Schätze“ der Kirche?
2. Wie würden Juristen heute die Handlung bezeichnen, zu der Nikolaus die Schiffsleute überredet?

M 2

Die Werke der Barmherzigkeit

Fenster aus dem Freiburger Münster, 1260

Arbeitsauftrag

Die sechs Werke der Barmherzigkeit (von links nach rechts):

1. Werk: 2. Werk:

3. Werk: 4. Werk:

5. Werk: 6. Werk:

M 1 Auch die Klosterbrüder…

Hier kommen viele Leute aus Ägypten vor das Kloster zu Appolonius, der in der Tür steht. Denen gibt er aus drei Körben Brot genug.

Brotverteilung durch Klosterbrüder an Arme, Straßburg, um 1477. Holzschnitt, koloriert

Es fügt(e) sich (zu) einer Zeit, dass über ganz Ägypten ein so großes Hungerjahr kam, dass die Leute recht wollten vor Hunger verderben. Nun hatten sie dies wohl vernommen, dass die Mönche bei dem heiligen Vater Appolonius, die Gott so ernsthaft dienten und auch ebenso eines heiligen Lebens waren, dass sie keine leiblichen Speisen versuchten. Und (sie) nahmen ihre Frauen und Kinder mit dazu und kamen vor das Kloster und schauten den heiligen Vater Appolonius an um Speise, richtig als ob er ihr Vater wäre. Da befahl er, alles Korn den armen Leuten auszugeben, das er und seine Brüder (für) das ganze Jahr haben sollten. Und als er alles Korn ausgegeben hatte (bis auf) drei Körbe mit Brot, die der Konvent an dem selben Tag zu Tisch haben sollte, gab es noch soviel Leute, die um Nahrung vor das Kloster gekommen waren, dass ihn ihr Hunger und ihr Geschrei sehr erbarmte. Was tat Appolonius? Er befahl, die drei Körbe mit Brot herauszutragen …

M 2 Ein Blick in eine Kastenordnung

Ordnung eines gemeinen Kastens
Ratschlag, wie die geistlichen Güter zu handeln sind 1523

Ausgabe für die gebrechlichen und alten armen Menschen

Die Menschen, so in unser eingepfarrten Versammlung und Kirchspiel aus Zufällen bei uns verarmen, von ihren Freunden, falls sie etliche vermögliche derselbigen hätten, mit Hilfe verlassen wären, auch welche aus Krankheit oder Alter nicht arbeiten können und notdürftig arm wären, sollen durch die zehn Vorsteher wöchentlich alle Sonntage und sonst nach Gelegenheit aus unserm gemeinen Kasten erhalten und versehen werden: also dass sie ihren Leib und Leben, Gott zu Ehre und Lobe, aus Mangel notdürftiger Hausung, Kleidung, Nahrung und Wartung, ferner zu kränken, schwächen und verkürzen, aus christlicher Liebe verhütet sein mögen, und je von keinem Armen unter unserer Versammlung solche Stücke der täglichen Notdurft öffentlich gerufen, geklagt und gebettelt werden dürfen. Darum sollen die zehn Vorsteher mit großem, stetem Fleiß Erkundigung und Nachforschung vorwenden und wahrhaftig, gründlich Wissen haben aller solcher Armen, wie oben, in der Stadt und Dörfern, innerhalb unsers ganzes Kirchspiels, und darüber alle Sonntage ratschlagen; und die Namen derjenigen Armen, welche also erforscht und ihnen Hilfe zu tun beschlossen, sollen zusamt dem beschlossenen Ratschlage in das Handelbuch klärlich eingeschrieben werden, damit das Vermögen aus unserm gemeinen Kasten ordentlich ausgeteilt werde.

aus: „Martin Luther – Ausgewählte Werke", hrsg. von H. H. Borchardt u. G. Merz; Fünfter Band; 3. Auflage: Chr. Kaiser Verlag München 1952

M 3 Im Hospiz (Rufus und Susanne)

RUFUS

Hans im Glück –
in paradiesischen Zuständen

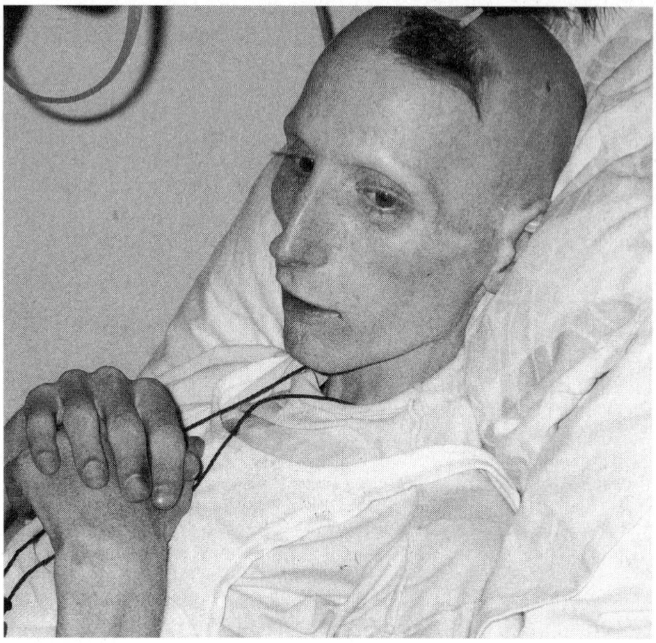

Foto: Bleibler

Laute, harte Musik, die Wände des Zimmers voll selbst gemalter, bunter Bilder, dazwischen Fotos einer jungen Frau und eines kleinen Mädchens; Aschenbecher, Kaffee, Pinsel, Farbkästen, farbgetränkte Bettwäsche – Chaos, wohin man sieht, und mittendrin Rufus, 27 Jahre alt, todkrank. Mit kahlgeschorenem Kopf und bunt angemaltem Gesicht singt er vor sich hin, malt voll Inbrunst, ist wie immer gut gelaunt und zieht genüsslich an der Zigarette. Er, der allen Grund hätte zu klagen und zu hadern, genießt Stunde um Stunde, unterhält sich mit seinen vielen Besuchern, hat noch unzählige Wünsche und Pläne. Zwar verflucht er seine Krankheit, weiß aber auch ganz genau, dass er nach seinem Tod seine verstorbene Liebste und sein kleines Töchterchen wiedersehen wird, und das ist ihm das Sterben wert. Und er meint, es wäre in Ordnung, dass er sich mit Aids infiziert hat, denn bei dieser Begegnung habe er zum ersten Mal in seinem Leben erfahren, was Liebe ist.

BEGEGNUNGEN

... Ein verrückter Typ, dieser Rufus, der uns mit seinem unbeschreiblichen Chaos an unsere Grenzen bringt – und uns wie keiner zuvor lehrt, ihn einfach so anzunehmen wie er ist. Seine sonnige, unbeschwerte Art macht dies einfacher, seine Lebendigkeit, seine Hingabe, seine Energie im Angesicht des Todes fasziniert und rührt uns zutiefst an. Spanien – das Land seiner letzten Träume – dort will er sich auf einen Felsen stellen, sich erschießen und dann ins Meer, in die Ewigkeit fallen. Als Rufus nach sechs Wochen bei uns ganz leise stirbt, spielen wir ihm bei der Abschiedsfeier Musik von den „Gipsy Kings." Es ist, als ob er gleich die Augen öffnen und uns fragen müsste, welches Fest hier gefeiert würde ... Doch er öffnet die Augen nicht, er ist tot. Seine Vitalität und seine Einzigartigkeit fehlen uns noch lange, und auch heute, zwei Jahre später, reden wir oft von ihm. Rufus, ein Unvergesslicher.

Susanne Kränzle

Seit 1994
Krankenschwester im Hospiz

Foto: Bleibler

aus: Hospiz Stuttgart 1987–1997. Hrsg. Arbeitsgemeinschaft Hospiz Stuttgart

SUSANNE

M 1 Diakonie im Dritten Reich

Foto: Bilderdienst Süddeutscher Verlag, München

Zum Abtransport von Heimbewohnern fahren die berüchtigten grauen Busse vor der hessischen Anstalt Eichberg vor.

M 2 Ein Zeitungsartikel

Die Anstalt Stetten und das Dritte Reich

Der Mythos vom Schloss der Barmherzigkeit bröckelt

Abschied von der Widerstandslegende/Von Martin Tschepe

Geistesgegenwärtig verschwindet der 18-jährige Arthur Werner, als die gefürchteten grauen Busse am 18. September 1940 zum dritten Mal in der evangelischen Heil- und Pflegeanstalt im württembergischen Stetten im Remstal vorfahren. Wieder sammeln die Fahrer Dutzende von Pfleglingen ein und bringen sie nach Grafeneck auf der Schwäbischen Alb. In Lumpen gehüllt versteckt sich der junge Mann auf dem Dachboden des Schlosses. Sein Einfallsreichtum ist vergebens. „Man suchte ihn und gab ihn als einzigen männlichen Pflegling dem weiblichen Transport mit", heißt es in einer jetzt im Archiv der Anstalt Stetten gefundenen Notiz. Auch Mitarbeiter der kirchlichen Einrichtung sind am Aufspüren des geistig Behinderten beteiligt, der wenige Tage später in einer abgedichteten Garage der beschlagnahmten Samariterstiftung Grafeneck stirbt. Bis Ende des Jahres 1940 lassen die Nazis 329 Menschen aus der Stettener Anstalt innerhalb des „Euthanasieprogramms" mit Kohlenmonoxyd ermorden.

Bis heute gilt die von 1930 bis 1967 von Ludwig Schlaich geführte Einrichtung in der zeitgeschichtlichen Forschung als eine der ganz wenigen Anstalten der Inneren Mission, die der nationalsozialistischen Ideologie und Praxis so weit wie möglich widerstanden. Der Inspektor soll sich seit 1933 vehement gegen die Bedrohung seiner Pfleglinge gewehrt und alles nur Erdenkliche getan haben, um Behinderte zu retten. Die Nachkriegszeit habe auch in der großen und bedeutenden Anstalt Stetten geradezu nach Widerstandslegenden gerufen, sagt hingegen der Theologe Martin Kalusche, der in den vergangenen drei Jahren die Zusammenarbeit von Anstalt und NS-

Staat sehr genau erforscht hat. Beim Durchstöbern ungezählter vergessener Aktenordner in einem Heizungskeller der Anstalt ist Kalusche „fündig geworden, wie sich's keiner vorgestellt hat" – und mancher vermutlich nie gewünscht hätte. Die in seiner theologischen Doktorarbeit zusammengetragenen Fakten lassen Ludwig Schlaich nämlich in einem völlig anderen Licht erscheinen als bisher.

Die Verbrechen an behinderten Menschen in Stetten geschehen laut neuesten Quellen auch mit tatkräftiger Unterstützung der ehemaligen Leiter, für die ihre Einrichtung ganz selbstverständlich ein Teil der NS-Volksgemeinschaft ist. „Wir haben versucht, uns in die Fragen der Eugenik und Rassentheorie einzuarbeiten und die Wandlung der sittlich-religiösen Weltanschauung auf allen Gebieten des Lebens zu verstehen", schreibt der Inspektor im Jahresbericht 1934. Dass auch geistig Behinderte als „Volksschädlinge" gelten, nimmt Schlaich offensichtlich ohne Widerspruch hin. Stetten hat in bekennenden evangelischen Kreisen den Ruf, eine verweltlichte Anstalt zu sein. Die meisten Mitarbeiter sind auf Parteilinie. Der junge Lehrer Theodor Dierlamm etwa wird ob seiner Weigerung, in die NSDAP einzutreten, 1937 nicht eingestellt und landet in einem Gestapogefängnis. Die Anstalt Stetten, sagt eine ehemalige Mitarbeiterin heute, „galt als Nazihochburg".

...Doch Schlaich und seine Kollegen unternehmen 1940 nicht alles Menschenmögliche zur Rettung der Bewohner, wie es etwa das Buch „Das Schloss der Barmherzigkeit" von Wilhelm Teufel suggeriert. Dass einige Versuche letztlich scheitern, liegt auch am Zögern der Anstaltsleitung in den Wochen, in denen die Bewohner in äußerster Lebensgefahr schweben und den Verantwortlichen eigentlich klar sein muss, was bevorsteht. Als im September und Oktober 1939 Meldebögen aus Berlin eintreffen, füllen die Anstaltsmitarbeiter diese sorgfältig aus. Einrichtungen, in denen die Fragen konsequent nicht beantwortet werden, entgehen der Mordmaschinerie. Am 28. Mai 1940 werden 75 Frauen aus der Anstalt Kork, die seit einigen Monaten in Stetten leben, mit grauen Bussen abgeholt. Die Notwendigkeit zu handeln sieht Schlaich auch danach offenbar nicht. In einem Schreiben vom 7. September 1940 macht der Inspektor sogar deutlich, dass er zur Mitwirkung an den Deportationen bereit ist, wenn nur die staatliche Legitimation geklärt sei. Am Abend des 10. September, dem ersten Tag der Deportation von Stettener Bewohnern nach Grafeneck, betet Pfarrer Schlaich in der Stettener Kapelle: „Die, die du von uns genommen hast, geleite auf ihrem Weg."

In den Wochen darauf versucht er immer wieder, Namen von den todbringenden Listen streichen zu lassen. Einige Bewohner versteckt er, ein paar werden gerettet. Meist erreicht Schlaich nur eine Verschiebung der Deportationen. Er richtet zahlreiche geheime Eingaben an den Innenminister, um den Kreis der Opfer so gering wie möglich zu halten. Eine detaillierte Information der Öffentlichkeit über die Vorgänge in der Anstalt scheut deren Leitung. Schlaichs Widerstandskraft bricht völlig, als er am 5. November erfährt, dass die Anstalt beschlagnahmt wird. Von nun an quält ihn laut Kalusche das Gefühl, „mit seinem Verhalten die ihm anvertrauten Menschen mehr gefährdet denn geschützt zu haben". Vom „widerstandshemmenden Potential einer spezifischen Frömmigkeit" spricht der 1960 geborene Theologe. Religion sei in Fällen tödlicher Bedrohung hilfreich. In seiner für Stetten nicht untypischen Art habe der Glaube die Handlungsfähigkeit aber eingeschränkt und damit ungewollt zur Gefährdung beigetragen.

Ludwig Schlaich „wollte nie anecken", sagt der heute 85-jährige Theodor Dierlamm, der von 1950 bis 1980 doch noch als Lehrer und Schulleiter in der Anstalt Stetten arbeiten durfte. „Der Inspektor", erinnert sich Dierlamm, „war ein Mann seiner Zeit."

aus: Stuttgarter Zeitung, 22. April 1997

M 1

Für eine Befragung...

FRAGEBOGEN

1. Stimmen Sie dem Satz zu: „Die Gemeinde ist der erste Ort der Diakonie?“

____

____

2. Was wird in unserer Gemeinde für Hilfsbedürftige (z. B. Kranke, Alte, Arme, Arbeitslose, Behinderte, Einsame, Kinder) getan?

____

____

3. Was müsste Ihrer Meinung außerdem noch getan werden?

____

____

4. Was halten Sie für dringlicher, die materielle Hilfe oder die seelische (z. B. Begegnungen)?

____

____

5. Welche Rolle spielt das knappe Geld? Wo könnte unsere Gemeinde zugunsten diakonischer Aufgaben noch sparen?

____

____

6. Gibt es genügend Christen für die diakonischen Aufgaben in unserer Gemeinde?

____

____

M 1

Was könnte damit gemeint sein?

Mutterhaus, Wilhemshospital und Paulinenhospital vor der Zerstörung 1943

aus: Archiv der Ev. Diakonissenanstalt, Stuttgart

Arbeitsauftrag

Welchen Zwecken diente und dient die Einrichtungsdiakonie?

Was findest du gut an dieser Diakonieform?

Was findest du nicht so gut an dieser Diakonieform?

M 1

Und was macht man da?

Verdrehung von Tatsachen

Im politischen Umgang mit der Arbeitslosigkeit zeigt sich eine sozialpolitische Trendwende. Sowohl die so genannte Reform des Bundessozialhilfegesetzes (BSHG) als auch das im letzten Jahr auf den Weg gebrachte Arbeitsförderungsreformgesetz (AFRG) gehen davon aus, dass das Hauptproblem nicht der Mangel an Arbeitsplätzen ist, sondern die Bereitschaft der Arbeitslosen, einen Arbeitsplatz anzunehmen. Arbeitslose sollen durch ein ausgeklügeltes System von „Zuckerbrot und Peitsche" dazu gebracht werden, sich selbst um Arbeit zu bemühen und nicht „zu warten, bis sie der Staat mit Arbeit versorgt". Dies verdreht die Tatsachen. Dem Arbeitslosen wird angelastet, dass er arbeitslos ist, was zu einer Verschärfung für den Einzelnen führt. Alle Erfahrungen der Diakonie zeigen aber: der Wille zur Arbeit ist bei fast allen Arbeitslosen vorhanden. Es fehlt nicht an Motivation, sondern an Arbeitsplätzen. Eine Politik, die die Hauptursache von Arbeitslosigkeit im mangelnden Willen von Arbeitslosen sieht, ist zynisch und geht am Kern des Problems vorbei.

Andreas Wagner

aus: Konsequenzen, Nr. 2, 1997; Zeitschrift des Diakonischen Werks der EKiD, S. 39

Arbeitsauftrag

Dies ist ein typischer Fall für gesellschaftsdiakonische Bemühungen.
Besprecht in der Kleingruppe, was mit Gesellschaftsdiakonie gemeint sein könnte.

Notiert hier Kennzeichen der Gesellschaftsdiakonie:

____

____

____

____

M 1 Zwei Sichtweisen

Die Zeit Jerobeams II., der um 750 v. Chr. in Nordisrael herrschte, wird von einem Geschichtsschreiber in 2. Könige 14/23-29 beschrieben. Gleichzeitig tritt in dieser Zeit der Prophet Amos auf. Seine Sichtweise wird im Buch Amos deutlich:

[23]Im 15. Regierungsjahr von Amazja, dem König von Juda, wurde Jerobeam, der Sohn von Joasch, König von Israel. Er regierte 41 Jahre lang in Samaria [24]und tat, was dem Herrn misfiel, genauso wie Jerobeam, der Sohn Nebats, der die Leute des Reiches Israel zum Götzendienst verführt hatte. [25]Doch gelang es ihm, alle Gebiete, die zum Reich Israel gehörten, zurückzuerobern, von Lebo-Hamat bis hinunter zum Toten Meer.
Damit ging in Erfüllung, was der Herr, der Gott Israels, durch seinen Diener versprochen hatte, durch den Propheten Jona, den Sohn von Amittai aus Gat-Hefer. [26]Denn der Herr hatte gesehen, wie erbärmlich schlecht es um die Israeliten stand, dass sie allesamt am Ende waren und dass niemand da war, der ihnen hätte helfen können. [27]Noch hatte der Herr ja auch nicht beschlossen, das Reich Israel vom Erdboden verschwinden zu lassen, und so half er ihnen durch Jerobeam, den Sohn von Joasch.
[28]Was es sonst noch über Jerobeam zu berichten gibt, über seine Taten und Erfolge, ist in der amtlichen Chronik der Könige von Israel nachzulesen. Dort wird auch berichtet, wie er Gebiete von Damaskus und Hamat für Israel zurückgewann, die einst zum Reich Davids gehört hatten. [29]Als Jerobeam starb, wurde er in der Grabstätte für Könige von Israel bestattet. Sein Sohn Secharja wurde sein Nachfolger.

2. Könige 14/23–29

[1] In diesem Buch steht, was Amos, einem Viehzüchter aus dem Dorf Tekoa, vom HERRN offenbart worden ist. Er empfing die hier aufgeschriebenen Worte als Botschaft für das Reich Israel zwei Jahre vor dem großen Erdbeben, als in Juda König Usija regierte und in Israel Jerobeam, der Sohn Joaschs.
[2]Amos sagte:
[6]Hört, was der HERR sagt: „Auch ihr Leute von Israel habt Verbrechen auf Verbrechen gehäuft! Darum verschone ich euch nicht. Ihr verkauft ehrliche Leute als Sklaven, nur weil sie ihre Schulden nicht bezahlen können, ja ihr verkauft einen Armen schon, wenn er euch eine Kleinigkeit wie ein Paar Sandalen schuldet. [7]Ihr giert sogar nach der Asche auf dem Kopf der Verzweifelten und wendet jeden Trick an, um die Schwachen um ihr Recht zu bringen. Vater und Sohn missbrauchen dasselbe Mädchen. Mit all dem befleckt ihr meinen heiligen Namen. [8]Neben jedem Altar streckt ihr euch auf Kleidern aus, die ihr den Armen als Pfand abgenommen habt; in euren Heiligtümern trinkt ihr Wein, den ihr als Ersatz für nicht bezahlte Schulden eingefordert habt.
[12]„Aber meinen Geweihten habt ihr Wein zu trinken gegeben, und den Propheten habt ihr verboten, in meinem Namen zu sprechen.
[13]Ich werde euch bestrafen, daß ihr ächzt und stöhnt wie ein überladener Erntewagen.
[14-15]Auch der Schnellste kann dann nicht mehr entkommen, dem Stärksten nützt seine Kraft und dem Mutigsten sein Mut nichts. Die Bogenschützen werden überrannt, bevor sie einen Pfeil abschießen können, auch die Besatzung der Streitwagen kann sich nicht mehr retten.
[16]Selbst der Tapferste der Tapferen wird an jenem Tag alles wegwerfen und um sein Leben laufen. Das sage ich, der HERR."

Amos 1/1; 2.6–8; 12–16

Arbeitsauftrag

Der Geschichtsschreiber „sieht":

____

____

Der Prophet „sieht":

____

____

M 2

Ist das „Prophetische Diakonie“?

Prophetische Diakonie kann diese Welt nicht in ein Paradies verwandeln, aber sie kann Zeichen für das setzen, was Jesus das „Reich Gottes“ genannt hat. Sie muss sich für den Einzelnen ebenso einsetzen wie sie gegen gesellschaftliche Fehlentwicklungen anzugehen hat. So hat sie sich z. B. in unseren Jahren gegen die „Vermarktung“ des Menschen einzusetzen, gegen die Reduzierung des Menschen auf seinen Gebrauchswert, auf seine Leistungs- und Genussfähigkeit. Sie muss helfen, neue Lebensformen zu entwickeln, die es allen ermöglicht, ein umfassendes Menschsein zu leben.
Es ist wichtig, den ganzen Menschen im Auge zu haben. Den Menschen als Subjekt, als Schöpfer, als Gestalter. Jeder Mensch hat seine eigenen Vorstellungen vom Leben. Deshalb ist es notwendig, mit alten und jungen, behinderten und nicht-behinderten Menschen, mit Frauen und Männern, mit Gästen und Einheimischen so umzugehen, dass sie ihre Vorstellungen von Lebensgestaltung verwirklichen können. Sie sollen nicht als „Objekte“ „behandelt“ werden. Sie sollen vielmehr ihre Gaben entsprechend ihrer Wünsche als Partner und Freunde in die Gemeinschaft einbringen können. Ob vor Ort, im Land oder international, es gilt, die kreative Autonomie deren zu achten, die allzu leicht zum „Gegenstand“ unserer Nächstenliebe degradiert werden.

(Gedanken von einer Diakonie-Konferenz in Olten, Schweiz, 1987; Formulierung von den Verfassern)

Arbeitsauftrag

Kreuze an, ergänze, was du für „Prophetische Diakonie“ hältst.
Diskutiert eure Einschätzung.

- ☐ Eheschließung behinderter Menschen
- ☐ Einfachsthäuser für Obdachlose
- ☐ Tiermedizinische Versorgung der Hunde Obdachloser
- ☐ Zwangsweise Rückführung von Flüchtlingen
- ☐ Zufluchtstätten für geschlagene Frauen und ihre Kinder
- ☐ Treffpunkte für alte Menschen
- ☐ Respektierung des Patientenwillens in den Krankenhäusern
- ☐ Abgabe von Heroin an Süchtige
- ☐ Anlaufstelle für Straßenkinder
- ☐ Widerstand gegen weitere Kürzungen der Sozialhilfe
- ☐
- ☐
- ☐
- ☐
- ☐

M 1

Was tun sie? Was motiviert sie?

Evangelisches Diakoniewerk Schwäbisch Hall. Foto: Kern Atelier, Schwäbisch Hall

Arbeitsauftrag

Ordne die folgenden Berufe den abgebildeten Personen zu:

1. Ärztin ◆ 2. Arzt ◆ 3. Altenpflegerin ◆ 4. Direktor ◆ 5. Hauswirtschaftsleiterin ◆ 6. Krankengymnast ◆ 7. Krankenpflegeschülerin ◆ 8. Krankenschwester ◆ 9. Maler ◆ 10. Pfarrer ◆ 11. Schreiner ◆ 12. Stationsleiterin (Krankenschwester) ◆ 13. Verwaltungsleiter

Was motiviert wohl diese Menschen, gerade in der Diakonie zu arbeiten?

M 2

Partner und Helfer

Diakonisches Werk Innere Mission Leipzig e. V. „In diesen Tagen“. Sonderausgabe Juni 1997

Arbeitsauftrag

1. Was kannst du über die Tätigkeiten der Helferinnen und Helfer sagen?
2. Was vermutest du, erleben die Helferinnen und Helfer dabei?
3. Versuche, ihr Selbstverständnis zu formulieren, indem du von den Begriffen „Partner“ und „Helfer“ ausgehst!
4. Was entdeckst du auf diesem Blatt über das christliche Selbstverständnis der Helferinnen und Helfer?

M 3 Berufe mitten im Leben

KINDERPFLEGER/IN

„Unser Haus war immer offen für Kinder. Es wurde viel gespielt, gesungen und gelacht – vielleicht hatte ich deshalb schon immer den Wunsch, einmal mit Kindern zu arbeiten. Auch wollte ich den Schwächeren und Kleineren beistehen. Ich möchte etwas zum Positiven verändern. Aber wer diese Welt verändern will, der muss bei den Menschen anfangen; je früher, desto besser. Es macht mir viel Spaß, die Stärken der Kinder zu fördern, ihre Entwicklung zu beobachten und das Gemeinschaftsgefühl zu stärken. Die Entscheidung für eine Ausbildung an einer evangelischen Berufsfachschule habe ich ganz bewusst getroffen. Das, was ich im Kindergarten zu tun habe – wie Geschichten erzählen oder basteln und spielen – das unterscheidet sich nicht von den Aufgaben einer Erzieherin."

Anja-Marie, 18

VORAUSSETZUNGEN FÜR DIE AUSBILDUNG

- Dauer der Ausbildung:
  3 Jahre (2 Jahre Schule,
  1 Jahr Berufspraktikum)
- Schulische und berufliche Voraussetzungen:
  Hauptschulabschluss oder ein gleichwertiger Bildungsstand
- Zulassungsprüfung
- Ausbildungsvergütung:
  DM 1.912,99 (monatliches Entgelt im Anerkennungsjahr)
- Ausbildungsstätte
  Ev. Berufsfachschule
  für Kinderpflege am Oberlinhaus
  Wildbader Straße 20
  72250 Freudenstadt
- Ansprechpartner:
  Pfarrer Gerhard Stoffel

JUGEND- UND HEIMERZIEHER/IN

VORAUSSETZUNGEN FÜR DIE AUSBILDUNG

- Ausbildungsdauer:
  3 Jahre: 2 Jahre Schule und
  1 Jahr Berufspraktikum;
  3 Jahre Teilzeitausbildung (mit integriertem Berufspraktikum) mit Anstellung in einer sozialpädagogischen Einrichtung
- Aufnahmealter: 18 Jahre
- Schulische und berufliche Voraussetzungen:
  Mittlere Reife oder gleichwertiger Bildungsabschluss, Hauptschulabschluss und abgeschlossene Berufsausbildung, dazu eine mind. einjährige praktische Tätigkeit im sozialen Bereich
- Ausbildungsvergütung/Kosten:
  – Max. DM 2.002,34 monatl. Entgelt während d. Praktikums
  – jährliche Kosten für Materialien, Lernmittel und Seminare

„Es ist nicht immer leicht, sich auf die Seite von Benachteiligten zu stellen, sich für verhaltensauffällige Kinder und Jugendliche einzusetzen, für die sich sonst kaum jemand stark macht. Ich will aber niemanden „reparieren", sondern etwas Entscheidendes weitergeben: „Du bist wertvoll, so wie du bist, nicht erst, wenn du etwas kannst." Meinen ersten Beruf als Bankkaufmann habe ich nach drei Jahren aufgegeben, weil mich diese Arbeit nicht ausgefüllt hat. Ich habe mir gedacht: Wenn du schon acht Stunden am Tag arbeiten sollst, dann in einem Beruf, bei dem du mit deiner ganzen Person gefragt bist.
Beziehungen aufbauen, Konflikte austragen, Vertrauen wagen, Kinder auf ihrem Weg begleiten – das ist mir immer wichtiger geworden."

Günter, 28

M 3 Berufe mitten im Leben

VORAUSSETZUNGEN
FÜR DIE AUSBILDUNG

- Dauer der Ausbildung: acht Semester (einschließlich zwei Praxissemester)
- Aufnahmealter: Aufnahme nach Abitur oder Fachhochschulreife
- Schulische Voraussetzungen: Abitur oder Fachhochschulreife
- Kosten: DM 60,– pro Semester
- Ausbildungsstätte Ev. Fachhochschule für Soziale Arbeit Ringelbachstraße 221 72762 Reutlingen
- Ansprechpartner: Prof. Dr. Monika Barz

SOZIALARBEITER/IN

„Sozialarbeiter trinken die ganze Zeit Kaffee und reden. Sie geben fünfmal nach, bis sie einmal durchgreifen ... Das sind die Klischees, denen man häufig begegnet. Da ist schon was dran, aber es sagt auch etwas über Sozialarbeit aus: etwa sich für gefährdete Jugendliche oder andere Randgruppen einzusetzen, sich viel Zeit für ein Gespräch zu nehmen oder Menschen, die schon oft gescheitert sind, eben nicht beim nächsten Fehlverhalten aufzugeben. Klar: In der Sozialarbeit erzielt man nicht täglich Erfolge oder lernt nur nette Menschen kennen, aber beispielsweise mit Strafgefangenen eine Kanufreizeit zu machen – das war schon ein außergewöhnliches Erlebnis."

Reinhard, 27

KINDERKRANKENSCHWESTER/-PFLEGER

„Ich wollte etwas machen, in dem ich ganz aufgehe, bei dem nicht nur ein Teil von mir gefragt ist. Weil ich in meinem Beruf unzufrieden war, habe ich meine Tätigkeit in einer Bank nach vier Jahren aufgegeben. Nach dem Schnupperpraktikum auf einer Kinderstation war mir dann klar, was mir bis dahin gefehlt hatte: der Umgang mit Menschen, kleinen wie großen – und nicht nur mit Kunden. Es ist nicht leicht für mich, die Kleinen krank zu sehen. Aber mein Glauben gibt mir neuen Mut, wenn ich denke, es geht nicht weiter. Ich lerne den richtigen Umgang mit Angst, Schuld und Versagen. Auf unserer Station geht's oft lustig zu, denn neben der Pflege, bleibt Zeit zum Spielen und Erzählen."

Kerstin, 24

VORAUSSETZUNGEN
FÜR DIE AUSBILDUNG

- Ausbildungsdauer: 3 Jahre
- Aufnahemalter: 17 Jahre
- Schulische und berufliche Voraussetzungen: Mittlerer Bildungsabschluss bzw. Hauptschulabschluss mit Berufsausbildung
- Ausbildungsbeginn: Jeweils der 1. April eines Jahres
- Ausbildungsvergütung: DM 1.232,86 (1. Ausbildungsjahr) DM 1.333,50 (2. Ausbildungsjahr) DM 1.495,62 (3. Ausbildungsjahr)
- Ausbildungsstätte Ev. Diakoniewerk Schwäbisch Hall e. V. Kinderkrankenpflegeschule Am Mutterhaus 1 74523 Schwäbisch Hall

Ansprechpartnerin:
Getrud Fischer

aus: Berufe mitten im Leben. Diakonisches Werk Württemberg, Stuttgart. Andreas Wagner
Fotos: Lothar Blacht, Markgröningen

M 1

Zum Beispiel im ambulanten Hospiz-Dienst

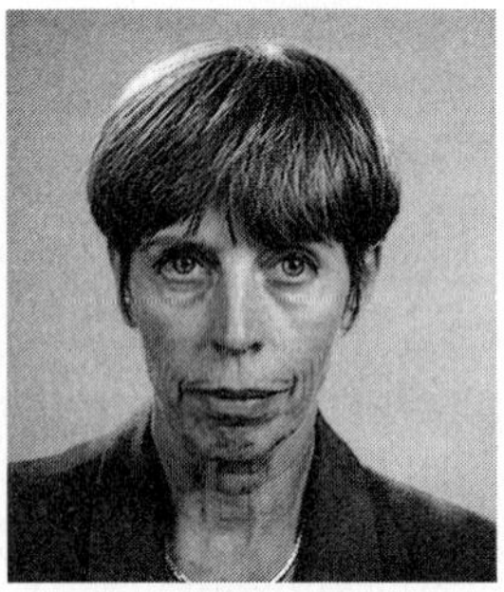

Ursula Roller

Auf der Wartburg bei Eisenach von Bundesarbeitsminister Norbert Blüm das Bundesverdienstkreuz zu erhalten – das war für Ursula Roller schon etwas Besonderes. Trotzdem hatte sie sich zuvor reiflich überlegt, ob sie diese hohe Auszeichnung überhaupt annehmen sollte. Sie hat die Ehrung nicht abgelehnt, weil sie darin eine Anerkennung aller Hospizgruppen sieht.
Durch ihre behinderte Tochter war Ursula Roller in manches „dunkle Tal" geführt worden. Dort erfuhr sie, wie wohl es tut, wenn einem andere Betroffene zur Seite stehen. So engagierte sie sich im Verein und Vorstand der Lebenshilfe Esslingen, 1977 initiierte sie den „Familientreff mit Behinderten Aichwald".
Durch die Arbeit mit Behinderten und ihren Familien wurde Ursula Roller für die Hospizarbeit sensibilisiert. Sie gehörte zu den ersten ehrenamtlichen Mitarbeiterinnen der Stuttgarter Gruppe. Mit Engagement trug sie in Vorträgen und Seminaren die dort gewonnenen Erfahrungen in viele Gemeinden des Landkreises Esslingen. Zehn Gruppen wird es demnächst geben. Fast 50 Personen gehören zu der seit fünf Jahren bestehenden Ökumenischen „Arbeitsgemeinschaft Hospiz Esslingen". Neben der Begleitung Sterbender und ihrer Angehörigen strebte Ursula Roller immer auch nach Vernetzung dieser Dienste. Den Basisbezug hat sie nicht verloren: Sie fühlte sich stets als aktives Mitglied ihrer Gemeinde.

Roland Geltz

aus: Evangelisches Gemeindeblatt, 27. Juli 1997/Nr. 30

- Ich hatte als Krankenschwester viel mit Sterbenden zu tun und es immer bedauert, dass man so wenig Zeit für sie hatte. Nach meiner Erfahrung werden sie ruhiger, wenn man bei ihnen ist. Ich empfinde es als Gnade, jemanden dieses letzte Stück begleiten zu dürfen.

- Gleich zu Anfang meiner Ausbildung zur Altenpflegerin sah ich einen Film über ein Hospiz-Haus in London. Er hat mich sehr beeindruckt, und ich nahm mir vor, wenn sich die Möglichkeit zur Mitarbeit im Hospiz-Dienst böte, dies zu tun.

- Durch das Sterben und den Tod meiner Frau habe ich mich erstmals mit dem Sterben – auch meinem eigenen – auseinander gesetzt und es allmählich als zum Leben gehörig akzeptiert. Ich bin inzwischen sogar davon überzeugt, dass das Leben weniger Angst, sondern mehr Freude macht, wenn man den Tod annimmt, und ich möchte meine Erfahrungen im Hospizdienst einsetzen.

- Beim Sterben meines Vaters konnte ich eigentlich nur hilflos zuschauen. Wenn mir damals doch schon jemand vom Hospiz-Dienst etwas hätte sagen können! Vielleicht kann ich mit meinen heutigen Kenntnissen und Erfahrungen anderen nützlich sein.

- Mein Dienst im Altersheim als „Grüne Dame" führt mich mit vielen alten Menschen zusammen und hat manche Beziehung wachsen lassen. Da entstand bei mir der Wunsch, mir vertraut gewordene Menschen auch beim Sterben begleiten zu können.

(Mitgeteilt vom Arbeitskreis Hospiz, Region Öhringen)

M 2

Ehrenamtliche Mitarbeiter einstellen ...

Stellt euch vor, ihr wäret verantwortlich für die Einstellung ehrenamtlicher Mitarbeiterinnen und Mitarbeiter. Für diese Tätigkeit müsst ihr euch über einige Grundsätze klar werden. Ihr versucht deshalb, die nachfolgenden Fragen zu beantworten.

FRAGEBOGEN

1. Würdet ihr jeden, der sich freiwillig zu einer ehrenamtlichen Mitarbeit meldet, einstellen? Begründet eure Meinung

   ____

   ____

2. Welche Voraussetzungen muss die ehrenamtliche Mitarbeiterin/der ehrenamtliche Mitarbeiter eurer Meinung nach mitbringen?

   ____

   ____

3. Würdet ihr ehrenamtliche Mitarbeiterinnen und Mitarbeiter...

- ... erst einmal für die künftige Arbeit schulen? ja/nein
- ... bei ihren Fahrten zum Einsatzort versichern? ja/nein
- Würdet ihr ihnen die Fahrtkosten ersetzen? ja/nein
- Wie viele Arbeitsstunden je Woche würdet ihr von ihnen erwarten? unter 6/über 6

4. Haltet ihr es für gut, ehrenamtliche Mitarbeiterinnen/Mitarbeiter offiziell (z. B. durch ein Schriftstück oder in einem Gottesdienst) zu beauftragen? ja/nein

5. Wäret ihr bereit, unter euren eigenen Bedingungen ein Ehrenamt (z. B. in der Jugendarbeit oder im Kindergottesdienst eurer Gemeinde) zu übernehmen? ja/nein

M 1

Ein Diakoniewerk entsteht

Der 22 Jahre junge Kaiserswerther Pfarrer Theodor Fliedner ist 1822 in diese völlig verarmte Diaspora-Gemeinde gekommen und macht sich bald auf Kollektenreisen, um wenigstens die allernötigsten Mittel für seine Gemeindearbeit zusammenzubekommen. Er versucht es zunächst in der näheren Umgebung, später auch bei Gemeinden in Holland und in England, und hat beachtlichen Erfolg. Nicht nur Geld bringt er mit, sondern auch viele Anregungen, wie private Initiativen in den Nachbarländern daran gehen, den enormen sozialen Problemen des frühen Industriezeitalters zu begegnen: verarmendes Proletariat, keine qualifizierte Krankenpflege, keine ausreichenden Erziehungs- und Bildungsmöglichkeiten für Kinder und Jugendliche.
1826 wird in Düsseldorf die Rheinisch-Westfälische Gefängnisgesellschaft gegründet. Fliedner, der regelmäßig im dortigen Gefängnis Gottesdienste hält, gehört zu den Initiatoren. 1828 heiratet er Friederike Münster, eine Mitarbeiterin des Grafen von der Recke im benachbarten Düsselthal. 1833 nehmen die Fliedners eine entlassene Strafgefangene bei sich auf, um ihr das angedeihen zu lassen, was heute Rehabilitation heißt – der Beginn der sozialpädagogischen Arbeit in Kaiserswerth. Und dann reift der Gedanke heran, der bald den Namen Kaiserswerth um die Welt tragen soll: die Gründung einer Diakonissenanstalt. Angeregt durch neutestamentliche Berichte über tatkräftige Helferinnen in den jungen Gemeinden sowie durch zeitgenössische Schriften anderer Theologen besinnen sich die Fliedners auf eine gesellschaftliche Gruppe, deren soziale Kompetenz bis dahin fast völlig brachliegt: unverheiratete Frauen, die weitab von jeder Emanzipation dem Bannkreis der elterlichen oder geschwisterlichen Familie verhaftet sind. Sie werden eingeladen, in Kaiserswerth eine qualifizierte Berufsausbildung zu absolvieren – als Krankenpflegerin, als Kindergärtnerin oder Lehrerin – und dann in Kaiserswerth oder anderswo segensreich tätig zu werden. Ein genialer Gedanke genau zur richtigen Zeit. 1836 kauft Fliedner mit geliehenem Geld das größte Haus am Kaiserswerther Markt und richtet hier das erste Mutterhaus und Krankenhaus ein.
Aus der katholischen Ordens-Tradition übernimmt er Grundregeln für das Zusammenleben der Diakonissen, das gehorsame „Verfügbarkeit", wie er es nennt, voraussetzt, und aus der Mode seiner Zeit übernimmt er die Tracht der verheirateten Bürgerin am Niederrhein, einschließlich der Haube als Zeichen der Eheschließung. Erst später wird daraus die typische Diakonissentracht, die sich von modischen Weiterentwicklungen deutlich absetzt.
Die Mutterhausdiakonie verbreitet sich mit erstaunlicher Geschwindigkeit quer durch Deutschland, und als Weltreisender in Sachen Diakonie hinterlässt Fliedner seine Spuren auch in den USA und im Nahen Osten. […]

Ein genialer Gedanke zur richtigen Zeit: „Der Vater der Diakonissen Theodor Fliedner und seine erste Frau Friederike

Während der häufigen Abwesenheiten ihres Mannes leitet Friederike Fliedner die Diakonissenanstalt mit souveräner Hand, aber die strapaziöse Doppelrolle – vielfache Mutter und Vorsteherin – fordert ihren Preis: 1842 stirbt sie im Alter von nur 42 Jahren an den Folgen einer zu frühen Entbindung. Ein Jahr später heiratet Fliedner Karoline Bertheau aus Hamburg.
Als der umtriebige Pfarrer 1864 stirbt, hinterlässt er ein reiches Lebenswerk. Über 400 Kaiserswerther Diakonissen sind auf 116 Arbeitsfeldern im In- und Ausland tätig, in der Kranken-, Alten- und Gemeindepflege, in Erziehung, Unterricht und Verwaltung. 26 weitere Mutterhäuser sind unterdessen entstanden. In Kaiserswerth ist die Arbeit weiter ausdifferenziert worden, und in Duisburg hat Fliedner 1844 noch eine Diakonenanstalt gegründet. […]

aus: Martin Klaemmt „Diakoniewerk Kaiserswerth"; in: „Diakonie Report" August 1997
Zeitschrift des Diakonischen Werks der EKiD. 70184 Stuttgart, Stafflenbergstraße 76

M 2 Aus einer Statistik

Kaiserswerther Verband deutscher Diakonissen-Mutterhäuser e. V.

Statistik (Stand 31. 12. 1996)

	Mitgl. Diak. Gemeinsch.	davon							Gesamt zahl Mitarbeitern	davon	
		Diakonissen i. Feierabend	Diakonissen i. Arbeit	Probe Jung-sr	-Diak -Sr. u. Br. i. R.	- Diak. -Sr. u. Br. i. A.	- Diak. Sr. diak. Gemeinschaft	in weiter. diak. Gemeinschaft		-Vollbesch. 100 %	-TZ-Be. weniger als 100%
Arolsen	12	12							198	128	70
Augsburg	167	81	75		3	7	1		437	256	181
Bad Ems	40	34	5		1				128	68	60
Bad Kreuznach	69	52	16	1					4075	2859	1216
Berlin-Bethanien	23	20	3						22	7	15
Berlin-Elisabeth	7	6						1	373	232	141
Berlin-Lazarus	76	26	26	1	13	10			404	283	121
Berlin-EDKE	37	10	1		10	16			1041	945	96
Berlin-P.-Gern.	37	27	6		2	2			55	23	26
Bielefeld-Bethel	872	491	62	1	173	138	7		451	135	116
Borsdorf	35	24+3 Inval	8						2	1	1
Braunschweig	52	18	1		11	22			550	350	200
Bremen	165	26	8		87	36	8		81	49	32
Darmstadt	98	48	4		32	12	2		176	79	97
Dessau	39	13	12		7	6	1		281	198	83
Detmold	157	64	2		71	20			323	145	178
Dresden	204	58	38		24	66	4	14	745	417	186
Ducherow	17	5				12			130	108	22
D-Kaiserswerth	338	205	12	2	76	43			1782	1234	548
Duisburg	10	7			3				1	1	
Eisenach	135	41	4		7	83			104	39	65
Flensburg	189	48	5	1	65	47	22		980	636	344
Frankfurt/Main	104	58	26	1	10	8	1		378	218	160
Frankfurt/Oder	55	11	2		6	31	4		308	242	66
Freiburg/i. Br.	39	26			10		2	1	23	6	17
Freudenberg	152	112	40						162	125	37
Fürstenwalde	23	12	1		2	8					
Gentin	26	21	4		1				8	6	2
Görlitz-Biesnitz	14	5			3	6			60	8	52
Göttingen	9	3			6				13	4	9

M 1

Aus einem Bewerbungsbogen

Bitte schildern Sie in Stichworten, aus welchen Motiven heraus Sie ein Diakonisches Jahr machen wollen:

____

____

____

Welche Erwartungen verbinden Sie mit diesem Jahr?

____

____

Wo möchten Sie das Diakonische Jahr ableisten?

- In einer Kirchengemeinde? ❑
  (Nur wenn Erfahrungen in der kirchlichen Kinder- und Jugendarbeit vorliegen)
- In einer Rehabilitationseinrichtung für suchtkranke Menschen? ❑
  (Christliche Motivation Voraussetzung)
- Im Krankenhaus? ❑
- In einem Altenpflegeheim? ❑
- In einem Heim für geistig behinderte Menschen? ❑
- Im Jugendzentrum? ❑
- In der Auffangstelle für obdachlose Kinder? ❑

Vorgesehener Beginn des Diakonischen Jahres:

____

____

Ort Datum — Rechtsverbindliche Unterschrift

Bei unter 18-jährigen:

Name und Anschrift der Eltern/der Erziehungsberechtigten:

____

____

____

Ort Datum — Rechtsverbindliche Unterschrift

M 2 Stichwort: Diakonisches Jahr

Stichwort

Diakonisches Jahr

Das Freiwillige Soziale Jahr, das in einer Kirchengemeinde oder einer diakonischen Einrichtung absolviert und damit von der Kirche organisiert wird, heißt Diakonisches Jahr. Es bedeutet praktischer Einsatz in Kinder- und Jugendheimen, Diakonie-Sozialstationen, Alten- und Behindertenheimen, Krankenhäusern. Es dauert tatsächlich ein Jahr lang, beginnend immer im August oder September. Aufgenommen wird jede und jeder, gleich welche schulischen Voraussetzungen vorhanden sind. Einzige Bedingung: Der Interessent, die Interessentin sollte mindestens 17 Jahre alt sein. Die Leistungen sind: Taschengeld von zur Zeit monatlich 470 Mark, freie Unterkunft und Verpflegung, Sozialversicherung, Weihnachts- und Urlaubsgeld, Jahresurlaub, Anrechnung der Zeit bei der Rentenversicherung und bei Studienbewerbung. Die Arbeit wird durch pädagogische und persönliche Begleitung und Fortbildungsseminare ergänzt. Motive für ein Diakonisches Jahr sind: Praxiserfahrung, berufliche Umorientierung, Berufsfindung, soziales Engagement, Persönlichkeitsbildung, Erprobung eigener Fähigkeiten und Grenzen. Vor Beginn des Diakonischen Jahres ist eine Hospitation möglich.

Das Diakonische Jahr zur beruflichen Neuorientierung (einschließlich Berufsinformation) richtet sich an Berufsumsteiger, die beabsichtigen, sich nach einer ersten Ausbildung beruflich umzuorientieren (wegen Unzufriedenheit, Perspektivlosigkeit) und sich für die Arbeit im sozialen oder pflegerischen Bereich interessieren.

Diakonisches Werk Württemberg, Abteilung Soziale Dienste der Jugend, Postfach 10 11 51, 70010 Stuttgart, Tel.: 07 11/16 56-2 32, Fax: 07 11/16 56-3 29

Ein weiteres Angebot ist das Diakonische Jahr in der Familie. Der Schwerpunkt der Arbeit, meist in Familien mit mehreren oder behinderten Kindern, ist die Betreuung der Kinder. Ein Elternteil ist nicht berufstätig und übernimmt die Anleitung.

Verein für Internationale Jugendarbeit, Moserstraße 10, 70182 Stuttgart, Tel.: 07 11/2 39 41-22

aus: Konsequenzen, Nr. 4, 1997 Zeitschrift des Diakonischen Werks der EKiD, S. 7

M 3 Erfahrungen als Zivildienstleistender in der Diakonie

Andreas Pfeil

20 Jahre

ZIVILDIENSTLEISTENDER

HAUS FRIEDRICHSTRASSE

BACKNANG

Bundeswehr ... Zivildienst ... Für mich ist dies keine schwere Entscheidung gewesen. Schwieriger war nun aber die Frage zu beantworten: Wo seinen Zivildienst „ableisten"? Altersheim, Krankenhaus, in der Behindertenarbeit ...? Zugegeben: Obdachlosenhilfe war sicherlich nicht der Bereich, an welchen ich zu allererst dachte, jedoch hatte ich das „Haus Friedrichstraße" bei einem Besuch im Religionsunterricht während meiner Schulzeit bereits schon kennen gelernt.

Es war ein Entschluss, den ich nicht bereut habe. Faszinierend war unter anderem, wie schnell ich von den Klienten akzeptiert wurde. Auch mit den Mitarbeitern kam ich von Anfang an gut zurecht.

Zivi – eine Art „Mädchen für alles": So bin ich viel in der Aufnahme in der Kurzübernachtung tätig – auch im Wochenend- sowie Abenddienst – und wasche hier unter anderem die Wäsche von ambulanten Klienten. Jeden Donnerstag heißt es einkaufen gehen. Zu meiner Arbeit gehören darüber hinaus regelmäßige Botengänge in die Stadt, das Organisieren von Freizeitaktivitäten, zum Beispiel eines Planetariumbesuchs oder Kegelabends für die Bewohner unseres Aufnahmeheims, und ab und zu stehen handwerkliche Tätigkeiten an, die erledigt werden wollen – beispielsweise Malerarbeiten im Haus.

Teil meiner Arbeit ist selbstverständlich auch oft das persönliche Gespräch mit Klienten, wo man viel aus ihrem Leben erfährt, ihre Sorgen und Nöte, aber ebenfalls schon zu hören bekommen hat, warum man sich denn vor der Bundeswehr „drücke" ...! Wie man sieht: Es ist eine außerordentlich abwechslungsreiche, größtenteils interessante Arbeit, die auf ihre Art und Weise ein richtiges Kontrastprogramm zur vorherigen Schulzeit darstellt und die mir, wie ich meine – auch für mein späteres Leben – „viel gibt".

aus: „Erlacher Höhe – Menschen mittendrin", hrsg. v. Erlacher Höhe, 71577 Großerlach

M 4
Erfahrungen im Diakonischen Jahr

© Die Dunkelkammer, Darmstadt

Henrike – Wohngruppe für behinderte Kinder und Jugendliche in einem Schülerdorf

„Mit den Wochen habe ich dann auch festgestellt, dass ich für die Jugendlichen eine wichtige Ansprechperson geworden bin."

„Ich wollte nach 13 Jahren Schule was Praktisches machen und nicht sofort an die Uni gehen oder an eine andere Schule und dann wieder was lernen. Ich wollte erstmal den Schulstress verdauen und mit Menschen zusammen sein."

„Das Jahr hat mich bestärkt, eine Ausbildung zu machen, in der ich auch in meinem späteren Leben direkt mit Menschen zu tun habe."

„Das Jahr hat es mit sich gebracht, dass ich von zu Hause ausgezogen bin und ein Zimmer in der Einrichtung habe. Dort habe ich allein gelebt, allein meinen Haushalt organisiert und war auch mit den Freizeitaktivitäten auf mich allein gestellt."

„Es war erstmal eine Herausforderung für mich. Aber indem ich gute Erfahrungen gemacht habe, denke ich auch, dass es mir in meinem späteren Leben einiges helfen wird, dass ich Menschen auch spontaner begegnen kann."

„Auf den Seminaren habe ich unter anderem auch thematisch manches erfahren über Krankheitsbilder, über Aggressionen und wie sie bei den Bewohnern entstehen können und auch, wie man denen begegnen kann."

„Wenn ich am Wochenende nach Hause komme, erzähle ich über die vergangenen vierzehn Tage und finde, dass ich dadurch ein noch besseres Verhältnis zu meinen Eltern bekommen habe."

aus: „Ein Jahr macht Sinn", S. 12 u. 13. Hrsg v.: Arbeitskreis Freiwillige Soziale Dienste, Stafflenbergstr. 76, 70184 Stuttgart

M 1

Zur Einfühlung

Foto: Martina Waiblinger, Tübingen

WIE ICH WEIß, HABEN VIELE BLINDE DIE FÄHIGKEIT, SICH DIE WEGE, DIE IHNEN IN DER AUßENWELT VERSCHLOSSEN SIND, VON INNEN HERAUS WIEDER ZU ERSCHLIEßEN. WIE SONST KÖNNTE MAN SICH ERKLÄREN, DASS SICH SO VIELE VON IHNEN ALLEIN DURCH EINE WENIG BEKANNTE STADT BEWEGEN KÖNNEN UND SICH DABEI NICHT ÖFTERS VERIRREN ALS LEUTE, DIE SEHEN?

Jacques Lusseyran: DAS WIEDERGEFUNDENE LICHT

M 2

Bevormundung: Schön, wie er das kann

So nicht!

Schön, wenn jemand etwas kann. Schön, gelobt zu werden. Aber so?
Ein amtlich tätiger Arzt, der schon mehrfach bei mir gewesen war, besuchte mich. Er begrüßte meine Frau und mich, nahm Platz, entnahm seiner Aktentasche einen auszufüllenden Fragebogen und fragte meine Frau: „Wann ist er geboren?"
Meine Frau antwortete nicht, weil sie der Meinung ist, dass man Angehörige eines Blinden erst fragen sollte, wenn sich gezeigt hat, dass der Blinde nicht selbst antworten kann. An Stelle meiner Frau antwortete ich: „Er ist am … geboren." Das Gespräch ging weiter. „In welcher Krankenkasse ist er?"
„Er ist in der … versichert."
„Welcher Arzt ist sein Hausarzt?"
„Er hat keinen Hausarzt, weil der bisherige Hausarzt verstorben ist."
„Welche Krankheiten hat er in letzter Zeit gehabt?"
„Er hat seit langer Zeit keine Krankheiten gehabt. Er möchte nur eine Kur, damit er auch in Zukunft gesund bleibt."
Ich öffnete den Sprungdeckel meiner Armbanduhr, ertastete die Stellung der Zeiger. Der Arzt: „Ist aber schön, wie er das so kann." Ich holte tief Luft und wunderte mich, dass mir trotz allem noch ein Lachen gelang.
Eine andere Situation: Meine Mutter begleitete mich zum Zahnarzt, der mir eine Prothese angefertigt hatte. Er setzte sie ein und sagte dann zu meiner Mutter: „Jetzt müssen Sie aber aufpassen, dass er die Prothese im Mund behält, damit ich sehen kann, ob sich Druckstellen gebildet haben!" Ich entgegnete, dass ich als Erwachsener selbst wisse, dass die Prothese im Mund bleiben müsse.
Oder: Ein Pastor besuchte mich und fragte meine Mutter in meiner Gegenwart: „Hat er eine Blindenschule besucht?" Ja, antwortete ich, ich sei in einer Blindenschule gewesen.
Es ist nicht einzusehen, dass ein körperlich oder psychisch Behinderter wie ein unmündiges Kind behandelt wird. Die Begleitperson ist gar nicht berechtigt, in seinem oder ihrem Namen zu antworten oder gar Entscheidungen zu treffen. Das immer wieder vorgebrachte Argument, so genannte Nichtbehinderte hätten Angst vor der Behinderung Behinderter, dürfte zumindest für Ärzte, Rechtsanwälte und Theologen nicht gelten. Sie geben ja immer wieder vor, vielen Situationen gewachsen zu sein. Ich frage mich, wie man ein Vertrauensverhältnis schaffen will, was ja in diesen Berufen nötig ist, wenn man den Partner entmündigt, nur weil er behindert ist?
Ich habe lange gebraucht, bis ich erkannt habe, dass nicht ich blamiert bin, wenn meine Begleitperson angesprochen wird, sondern derjenige, der die einfachsten Anstandsregeln nicht beachtet.
Aber weh tut mir diese Bevormundung eben doch.

aus: DIE ZEIT, 10. März 1989

Heinz Koch

M 1

Ungleiches Paar

aus: DIE ZEIT, 6. Oktober 1995. © argus Fotoarchiv

M 1 Eine Kirchen-Kate planen ...

Das Problem

Das Problem ist bekannt: der Hamburger Wohnungsmarkt ist dicht. Viele Bürger mit geringem Einkommen konkurrieren um die wenigen günstigen Wohnungen. Menschen, die obdachlos sind, haben bei diesem Konkurrenzkampf besonders schlechte Karten. Ihnen fehlen nicht nur die finanziellen Mittel, sondern sie sind aufgrund ihrer Lebenssituation häufig in psychische und physische Not geraten. Dieses Problem trifft nicht wenige! Schätzungsweise 30 000 Menschen sind in der reichen Stadt Hamburg von Obdachlosigkeit betroffen. Sie ziehen zwischen Schlafplätzen in Obdachlosenunterkünften, Hotel-Mehrbettzimmern oder einem Unterschlupf unter freiem Himmel hin und her.

Die Diakonie versucht diesen Menschen zu helfen, eine Wohnung zu finden. Aber häufig verdrängt ein Bedürftiger einen anderen armen Mieter aus seiner Wohnung. Die Lösung wäre die Schaffung von preiswertem Wohnraum.

Die Kirchen-Katen

Die Idee der Kirchen-Katen ist es, wenigstens einigen Menschen zu einer menschenwürdigen Unterkunft zu verhelfen.

Gisela Schiefler, Initiatorin der Aktion „Rettet die Deichstraße“, war mit einer guten Idee an das Diakonische Werk herangetreten. Sie regte an, dass eine Tradition der Kirchen wieder belebt werden sollte: die der Gotteswohnungen.

Im Mittelalter hat es sie bei vielen Kirchen gegeben, als eine Zeile von winzigen Reihenhäusern, die wie Schwalbennester unmittelbar an der Außenwand der Kirchen klebten.

Wie sieht eine Kirchen-Kate aus?

Es ist ein schlichtes Holzhaus, das durch eine sehr gute Wärmeisolierung ganzjährig bewohnt werden kann. Sie werden als Fertighäuser in Kleinserie hergestellt. Daher sind die Kosten und der Aufwand überschaubar. Die Katen sind in Material und Form unauffällig und passen sich so der Umgebung gut an.

Welche Vorteile bieten die Katen?

Für obdachlose Menschen bieten die Kirchen-Katen viele Vorteile. Sie haben eine feste Anschrift. Dies ermöglicht es ihnen, aus dem Teufelskreislauf „keine Wohnung also keine feste Arbeit – und damit auch kein Geld für eine Wohnung“ auszubrechen. Darüber hinaus können sie – wenn sie es wünschen – Kontakte in der Gemeinde finden.

Kirchen-Katen sind eine menschenwürdige Alternative zu überteuerten Unterkünften in Hotels, Obdachlosenunterkünften und der Straße.

Arbeitsauftrag

Plane hier oder auf einem andern Blatt Millimeterpapier eine menschenwürdige Unterkunft auf 18 qm Grundfläche (2 cm = 1 m)

M 2
Die Kirchen-Kate

Ein Fertighausmodell für Obdachlose

Der Architekt Karl-Heinz Hansen hat ein Kirchen-Katen-Modell entwickelt, das den Anforderungen der heutigen Zeit entspricht. Sie bietet auf nur 18 Quadratmetern einer Person eine richtige Wohnung.

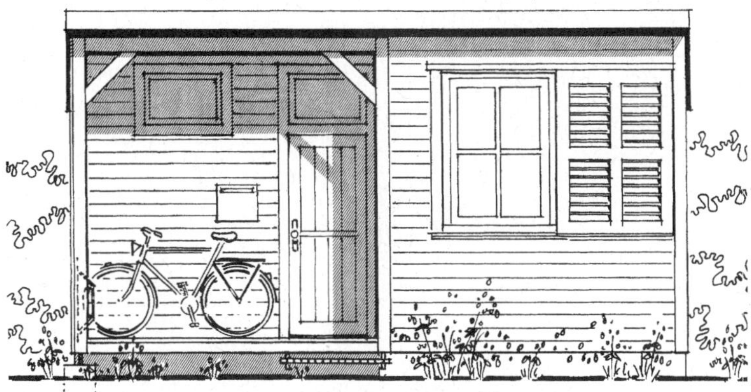

Es gibt einen Wohn-/Schlafraum, einen Vorraum mit einer Kompaktküche, ein Bad mit Dusche, Waschbecken und WC und ein gedecktes Eingangspodest als Loggia oder Fahrradabstellplatz.

Die Umsetzung

Eins kann schon gesagt werden:
Kirchen-Katen sind nicht mehr nur eine schöne Vision, sondern Realität. Die ersten werden im Oktober auf dem Gelände der Auferstehungsgemeinde in Hamburg-Lurup bezugsfertig sein. Voraussichtlich werden sechs weitere in diesem Jahr noch folgen. Die Trinitatisgemeinde Hamburg-Altona und die Thomasgemeinde in Hamburg-Harburg sind die nächsten Standorte.

Die finanzielle Seite

Die Gemeinden, die sich für eine oder mehrere Kirchen-Katen entschieden haben, brauchen pro Kate rund 50 000 Mark. Ein Teil dieser Kosten können langfristig über Mieteinnahmen gedeckt werden. Das Sozialamt zahlt für die Bewohner eine Miete von rund 400 Mark.
Aber die Anschlusskosten von 10 000–15 000 Mark stellen für viele Gemeinden eine sehr große Hürde dar.
Um den Gemeinden weiter zu helfen, hat das Hamburger Spendenparlament auf seiner letzten Sitzung 80 000 Mark bewilligt. Aber dies reicht leider noch nicht.
Daher bitten wir sie: unterstützen sie das Projekt Kirchen-Katen mit einer Spende.
Für ihre Spende erhalten sie eine Bescheinigung für das Finanzamt.

Bitte überweisen sie ihre Spende auf folgendes Konto:
Diakonisches Werk Hamburg
Stichwort: Kirchen-Katen
Hamburger Sparkasse

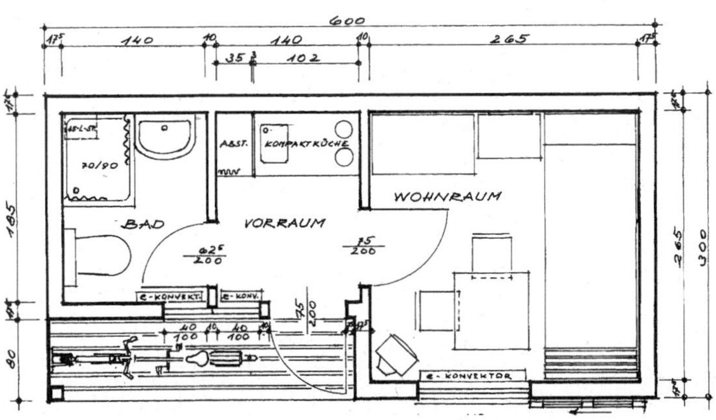

Entwurf: Karl-Heinz Hansen, Diakonisches Werk Hamburg

M 1

Vertriebene

aus: Sozialcourage, Nr. 1/1997 © Stern, Hamburg. Foto: Perry Kretz

M 2

Hilfen planen

Arbeitsauftrag

Was brauchen die Flüchtlinge auf dem Foto (M 1) wohl am dringendsten?

Wie kommen wir an die Hilfsgüter ran?

Wie transportieren wir die Hilfsgüter in das Notstandsgebiet?

Wie gewährleisten wir die Sicherheit der Begleitmannschaft?

Sind die betroffenen Flüchtlinge zureichend an unseren Plänen beteiligt?

Wie könnten wir sie beteiligen?

M 1

Reizwort „Kirchenasyl“

aus: Publik Forum, 8. August 1997

Kirchenasyl: Gewaltfreier Widerstand der Nonnen im Klostergelände gegen die Abschiebung

Foto: epd-bild /Kokenoe

M 2

Abschiebestopp mit dem Rosenkranz

Die Ruhe und der Frieden sind zurückgekehrt an diesen Flecken. Tagelang herrschte Ausnahmezustand hinter den alten Mauern des Klosters Burg Dinklage, das Telefon stand nicht mehr still, Journalisten standen Schlange. Die Benediktinerinnen verpassten so manche Gebetszeit „und geschwiegen haben wir in der Zeit wohl auch nicht so viel wie sonst", erinnert sich Priorin Renata Barrawasser, ernst und doch auch hintergründig schmunzelnd. Jetzt können sie tief durchatmen, zum gewohnten Tageslauf zwischen Laudes und Vigil zurückkehren. Denn ihr Widerstand gegen die Staatsgewalt hatte Erfolg. Die Familie des ukrainischen Deserteurs Sergej Zubatschew, die seit Januar auf dem Klostergelände im Kirchenasyl war und plötzlich in einer Nacht- und Nebelaktion nach Kiew abgeschoben werden sollte, darf jetzt doch bleiben, bis sie nach Kanada einreisen kann. Ordensschwestern in Winnipeg haben bereits für sie gebürgt.
Eine frühmorgendliche Sitzblockade der Schwestern am Kloster verhindern die überfallartige Abschiebung, darauf folgte eine nächtliche Mahnwache vor dem Abschiebegefängnis, in das der 33-jährige Sergej gebracht worden war und tagelange Rund-um-die-Uhr-Verhandlungen. Das Medienecho war riesig, viele Politiker unterstützten die Ordensfrauen. Die Schwestern freuen sich und sind erleichtert über den Ausgang, aber auch noch etwas benommen von dem, was da geschehen ist. Wie als Klostergemeinschaft weitermachen nach so einer Erfahrung? Äbtissin Maire Hickey sagte nachdenklich, mit ihrem leicht irischen Akzent: „Wir haben ein Zeichen gesetzt, hinter das wir nicht mehr zurück können. Aber was das genau heißen wird, das weiß ich auch noch nicht."
Da liegt die alte Wasserburg mit dem schweren Tor, umgeben von sattgrünen Wiesen und alten Eichen in deren Laub das Sonnenlicht spielt. An diesem Ort wurde Kardinal von Galen geboren, der sich den Nazis entgegenstellte: ein Erbe, das prägt. Seit 1949 ist die Burg ein Kloster, die heute 35 Schwestern versorgen sich fast vollständig selbst und betreiben unter anderem eine Hostienbäckerei und eine Handweberei. Den früheren Stall haben sie in einen heimeligen Kirchenraum verwandelt, der Friedhofsflecken heißt seit langem Paradies, und Schwester Ulrike zeigt begeistert den Geheimtipp der Klostergäste: das Verlies. Ein paar Stufen abwärts vom Klosterhof, und da ist das gemauerte Inselchen der Ruhe, Waldblick inklusive.
Da hinten, vielleicht hundert Meter entfernt von der Burg versteckt sich hinter Bäumen die „Ökonomie", das Bildungshaus des Konvents, das die Eheleute Lisa und Martin Oesterheld leiten. Direkt daneben liegt die frisch renovierte „Martinsscheune", in der seit Jahresbeginn Menschen in Notlagen Unterschlupf finden können – getreu einem Kernsatz der benediktinischen Regel: „Und die Fremden nehme man auf wie Christus." Die Menschen in der Martinsscheune werden von Lisa Oesterheld und Schwester Monica Lewis zusammen mit ehrenamtlichen Helfern betreut. Die Zubatschews waren die ersten, die hier anklopften.
Als die Familie im Januar sehr verstört vor der Tür stand, sah es so aus, als könnte der Rechtsweg vielleicht noch gut aussehen. Sozialpädagogin Oesterfeld: „Wir haben einen Schritt nach dem andern getan, wie die Situation es verlangt. Dass es sich am Ende so entwickeln würde, damit haben wir nicht gerechnet." Anfang Juni teilte sie den Behörden offiziell mit, wo die Zubatschews seien – „und die haben uns damals noch Stillhalten zugesagt."
„Wenn Menschen bei uns Zuflucht suchen, werden wir Kirchenasyl gewähren" – einen solchen Beschluss, wie ihn viele Kirchengemeinden fassen, gab es im Konvent nie. Er war nicht nötig, denn nach dem Selbstverständnis der Gemeinschaft steckt er schon in der Benedikt-Regel. Die Asylproblematik ist den Schwestern vertraut: Sie sind Mitglied bei Amnesty-International und schreiben Eilbriefe für die Organisation, die Verfolgte in aller Welt schützen sollen. In Dinklage haben sie sich schon für ghanaische Asylbewerber eingesetzt. Sie sind aktiv bei Pax Christi und dem Internationalen Versöhnungsbund und haben über die Jahre hinweg intensiv die Themen des Konziliaren Prozesses – Gerechtigkeit, Frieden und Bewahrung der Schöpfung – bearbeitet. So ist allmählich ein Bewusstsein gereift, das sie jetzt geradezu selbstverständlich umgesetzt haben. Schwester Renata: „Im Kontakt zu der Familie Zubatschew war einfach klar: Diese Menschen brauchen Schutz".
Welche Schwächen das Asylgesetz hat, was Verfolgung und Flucht bedeuten, das wussten die Christen im und um das Kloster theoretisch schon vorher. Aber hautnah und einschneidend erlebt haben sie es in den Monaten mit den Zubatschews. „Die Verwundungen malen sich in ihre Gesichter", sagt Schwester Renata. Lisa erinnert sich noch genau an die erste Frage von Natalja nach der Ankunft: „Was

darf man hier nicht?“ Dahinter standen die strengen Verbote und Vorschriften in den Asylunterkünften, die sie vorher durchlaufen hatten. Nach und nach lebten die drei auf – und knickten immer wieder ein, wenn ein Rückschlag kam.
Dann der Donnerstag fünf Uhr, ein klarer Sommermorgen. Ein Polizeieinsatzwagen fährt vor. Beamte brechen die Tür der Martinsscheune auf und verfrachten die Familie ins Fahrzeug, zur sofortigen Abschiebung. Die Oesterhelds alarmieren die Schwestern, die kommen sofort herüber. Diskussionen mit der Einsatzleitung beginnen. „Ohnmacht, Wut, große Angst was den dreien alles passieren kann“, beschreibt Renata im Rückblick ihre Stimmung. Sergej ist schon in Handschellen. Lisa ist „total“ aufgewühlt.
Gewaltfreier Widerstand. Das Nachdenken darüber hat schon lange einen Platz in Dinklage. Schwester Renata erinnert sich noch sehr gut an ein Seminar mit Hildegard Goss-Mayr vom Versöhnungsbund. An diesem Donnerstag wurde die Theorie praktisch, ohne dass sie sich vorher groß abgesprochen hätten. Michael sagte es als erster: „Wir müssen uns jetzt vor den Wagen setzen.“ Die Schwestern setzten sich auf den erdigen Fahrweg, fassten sich an den Händen. Eine schlug vor, den Rosenkranz zu beten. „Das tat sehr gut, weil er alles zusammenhält“, sagt die Priorin. Bald wurden Zeitungen als Unterlagen verteilt, denn der Boden war kalt.
Sie erzählt weiter: „Die Äbtissin und Michael verhandelten. Und bei mir stellte sich bald eine große Ruhe ein, das gemeinsame Entschlossensein steckte an. Aber es war auch ein Stück Entsetzen dabei, was in diesem Staat möglich ist. Wie riesengroß die Lücke ist zwischen dem, was diese Menschen brauchen, und dem Gesetz.“
„Sehr einschneidend und sehr herausfordernd“: So empfindet auch Äbtissin Hickey diese Stunden der hautnahen und entschiedenen Konfrontation mit der Staatsgewalt – oder anders: die Konfrontation zwischen Gewissen und Gesetz. Mutter Maire, wie die anderen Schwestern sie nennen, wählt ihre Worte sorgsam und sagt dann nachdenklich: „Dieses Erlebnis hatte eine ganz große Dichte; da wurden bei uns innere Kräfte aktiv, die so nicht immer fließen können. Kann man das überhaupt öfter machen?“
Da ist sie, die Frage: Wohin führt uns das Zeichen, das wir gesetzt haben? Was tun wir, wenn künftig öfter Flüchtlinge vor der Tür stehen? Wo sind die Grenzen des Widerstands? Die Äbtissin spürt, dass sie gemeinsam nachdenken müssen: „Wie hätte es mit unserem Mut ausgesehen, wenn wir nicht so viele positive Reaktionen bekommen hätten? Wo hört ein Rechtsstaat auf, Rechtsstaat zu sein – in der Diktatur, oder gibt es andere, schleichende Prozesse, die ihn anknabbern?“ Die anderen nicken. Priorin Renata ergänzt: „Da gibt es auch so eine Versuchung des Besonderen, nach dem Motto: ‚So, wir können das jetzt‘, der wir nicht erliegen dürfen.“
Kein Raum für Überschwänglichkeit. Aber für Hoffnungen, dass ihr und das Engagement andere Früchte trägt. Kirchenasyl – das ist für die Dinklager Benediktinerinnen zuerst Hilfe für den einzelnen Menschen. Darin steckt aber „eine politische Dimension, die Anfrage an die herrschende Politik.“ Von den Bischöfen wünschen sie sich deshalb ganz deutliche Unterstützung für Kirchenasyl-Initiativen – und die Entschlossenheit, sich zu echten Gesprächspartnern der Politiker über Mängel im Asylrecht zu machen.
Die Kirche könne durch das Kirchenasyl öffentliche Diskussionen aktivieren – „und das“, sagt Äbtissin Hickey, „ist auch ihre Aufgabe: gewissensbildend auf die Gesellschaft zu wirken und die Menschen dafür zu sensibilisieren, dass man sich als Staatsbürger nicht immer auf Gesetze zurückziehen kann.“ Das Gewissen ist schließlich kein christliches Monopol. Schwester Renata lässt ihre Fantasie wandern: „Warum nur ‚Asyl in der Kirche‘? Warum nicht auch, sagen wir mal, in einer Kneipe? Nicht der Ort ist entscheidend, sondern der Mensch, der Hilfe braucht.“

Ursula Rüssmann

aus: Publik Forum, Zeitung kritischer Christen, Oberursel
2. August 1997 (ungekürzt)

M 1 Eine Stimme aus der pflegenden Diakonie

„Eine Frage noch“

Erika Vogelmann leitet eine Station im Stuttgarter Pflegezentrum Bethanien. Die 50-jährige diakonische Schwester betreut dort auch Apalliker – Menschen, die schwerste Gehirnschäden erlitten haben.

Schwester Erika, sagen sie ihren Patienten im Wachkoma noch „Guten Morgen“?

Ja, natürlich. Ich begrüße alle Patienten, die ich versorge, mit Handschlag und sage „Guten Morgen“ zu ihnen, auch zu Menschen mit apallischem Syndrom. Ich berühre sie an der Hand, dann sage ich ihnen, wer ich bin, und frage sie, wie sie geschlafen haben. Wenn ich sie versorge, erkläre ich ihnen auch immer, was ich gerade mache. Ich finde es sehr wichtig, dass diese Patienten Zuwendung bekommen. Das ist für sie die Bestätigung, „ich bin Mensch, ich lebe und ich werde auch so behandelt.“ Und auch für mich wäre es fürchterlich, wenn ich in diesen Zimmern nur still und mechanisch vor mich hin arbeiten würde. Manchmal fragt mich jemand, warum ich mit Menschen rede, die das vermutlich gar nicht mitkriegen. Dann sage ich demjenigen, er solle sich mal vorstellen, er würde im Bett liegen, unfähig auch nur ein Glied zu rühren. Vielleicht wäre er gerade eingeschlafen – und plötzlich kommt ein wildfremder Mensch ins Zimmer und zieht ihm die Decke weg, fasst ihn an, dreht ihn hin und her, ohne ein Wort zu sagen. Meistens genügt das, und die Erklärung, dass ich mit anderen so umgehen möchte, wie ich's gerne selbst erfahren will. Wir beschäftigen uns auch über die bloße körperliche Pflege hinaus mit Apallikern, ziehen sie an, setzen sie in den Rollstuhl und fahren sie spazieren. Dabei erklären wir ihnen, wo wir hingehen und was man sieht. Wir lassen oft auch Musik im Zimmer laufen, die dieser Mensch gerne gehört hat, oder lesen ihm Bücher vor, von denen uns die Angehörigen sagen, dass er sie gemocht hat. Es ist auch wichtig, das Zimmer so zu gestalten, dass die Patienten, die sich ja nicht alleine drehen, auf etwas Interessantes schauen können: Bilder oder Mobile zum Beispiel, die in ihrem Gesichtsfeld aufgehängt sind. In meiner Ausbildung habe ich zwar auch gelernt, dass von diesen Menschen keine Reaktion mehr kommen kann, weil von der Persönlichkeit nichts mehr übrig sei. Aber die praktische Erfahrung hat mich anderes gelehrt. Am Anfang habe ich mich zwar ständig gefragt, war das nun wirklich eine Reaktion oder bilde ich mir das nur ein, weil ich das so sehen will. Aber wenn man jemanden ein Jahr oder länger betreut, erkennt man schon, dass sich die Mimik manchmal ändert. Ein jüngerer Mann hat zum Beispiel immer bei der Weihnachtsfeier geweint, obwohl er das sonst nur ganz selten getan hat. Oder ein Patient mit Spastik verzieht immer das Gesicht, wenn man ihn dreht, da kann man nicht sagen, das ist nichts. Bei Apallikern, die man gut kennt, lernt man auch, Reaktionen zu deuten, oder stellt fest, dass man sie manchmal beruhigen kann, wenn man sie an einer bestimmten Stelle streichelt.

Beim ersten apallischen Patienten, den ich gepflegt habe, war ich fürchterlich unsicher, das werde ich nie vergessen. Ich habe mich gefragt, wo und wie fasse ich jemanden an, der nicht sagen kann, was er empfindet und was er möchte. Mittlerweile denke ich aber nicht mehr, dass der Kontakt einseitig ist. Ein Apalliker, den ich lange Zeit versorgt habe, hat mir viel gegeben. Dem habe ich oft erzählt, was mich gerade beschäftigt und umtreibt. Und von ihm kam manchmal auch prompt eine Reaktion, die passte, ein Laut zwar nur, aber das war für mich ein Zeichen, dass er mich wohl verstanden hatte. Es ist natürlich schwer, sich einzulassen auf Leute, deren Zustand sich nicht mehr sehr ändert und eher immer schlechter wird – das ist im Pflegeheim oft der Fall. Wenn man viel für jemanden tut, erwartet man immer auch etwas von ihm. Und wenn nur etwas ganz Kleines – eigentlich fast gar nichts – zurückkommt, muss man sich immer wieder bewusst machen, dass das ganz, ganz viel für den anderen ist.

Auch mit den Angehörigen zu sprechen ist oft sehr schwer. Denn sie kennen ihren Vater, ihre Mutter, den Bruder, die Schwester oder ihren Partner von früher, als diese noch aktiv waren, sprechen und gehen konnten. Es ist unendlich hart zu erfahren, wie verändert ein Angehöriger ist, dann kommt oft der Satz: „Das ist doch kein Leben mehr.“

Auch ich bin oft traurig oder fühle mich hilflos, wenn ich darüber nachdenke, dass Menschen in so einen Zustand kommen müssen. Manchmal könnte man echt heulen bei all dem Elend, man geht aus dem Zimmer raus und ist total fertig. Aber ich glaube, so lange man einen lebenden Menschen versorgt, ist es nie sinnlos, was man tut. Ich frage mich eben, woher wir denn wissen, dass diese Leute nichts mehr empfinden. Sie atmen alleine, ihre Hände sind warm, und niemand kann mit letzter Sicherheit sagen, was ein anderer Mensch spürt oder wahrnimmt.

aus: Stuttgarter Zeitung, 11. Oktober 1997

M 1 Deutscher Menschenverbrauch

Am 28. November 1997 erschien in der Wochenzeitung „Die Zeit“ ein Artikel von Ernst Klee unter der Überschrift „Deutscher Menschenverbrauch“. Ernst Klee beschließt seinen Artikel mit folgenden Worten:

Kein Mediziner ist zu irgend etwas gezwungen worden. Sie standen buchstäblich Schlange vor den KZs und Kriegsgefangenenlagern. Wer schützt mich – uns – vor einer Forschung, die den einzelnen Menschen als Forschungsmaterial betrachtet und beispielsweise nicht einwilligungsfähige Kranke als Versuchsobjekt zur Disposition stellt?

Es gibt schon wieder Züchtungsfantasien von leid- und defektfreien Menschen. Schöne, gesunde Menschen garantieren jedoch keine soziale Gesellschaft und schon gar nicht mehr Menschlichkeit, reifen wir doch durchaus an leidvollen Erfahrungen. Fünfzig Jahre nach Ende der Nazieuthanasie wird erneut der Lebenswert Behinderter diskutiert, die Tötung behinderter Kinder gefordert.

Ich würde Freunde verlieren: gelähmt, aber weise, ohne Arme, aber klug, spastisch, doch voller Charme, blind und doch hellsichtig. Ich bekenne: Eine Welt ohne das Lächeln der Mongoloiden und ihre Zärtlichkeit wäre eine unmenschliche Welt.

M 2 Eine Initiative

aus: © Claus Langer, Hagen

Tänzerisch Grenzen überschreiten

„Handicapace“ heißt ein Tanzprojekt, das die Kunstschule Labyrinth und die Karlshöhe Ludwigsburg auf die Beine gestellt haben. Das Besondere daran: an dem Projekt wirken auch behinderte Tänzer, sogar Rollstuhlfahrer mit. Ziel des Projekts ist nicht eine Therapie, sondern die Entwicklung einer eigenständigen künstlerischen Sprache im modernen Tanz. Vorbild ist die Londoner Candoco Dance Company, die auch die Leitung des Projekts übernommen hat.

M 3

Grundrechte für behinderte Menschen

Arbeitsauftrag

Formuliert zehn Grundrechte, die keinem Menschen – auch keinem behinderten Menschen – abgesprochen werden dürfen:

1. ______________________________

2. ______________________________

3. ______________________________

4. ______________________________

5. ______________________________

6. ______________________________

7. ______________________________

8. ______________________________

9. ______________________________

10. ______________________________

M 4

Soll ich meines Bruders Hüter sein?

Zeichnung: Sven Palmowski, Stuttgart

M 1

Einmal darüber nachdenken

Ein Autoaufkleber

Arbeitsauftrag

Versucht, die folgenden Fragen unter der Voraussetzung zu beantworten, dass dieser Autoaufkleber nicht ironisch, sondern ernst gemeint ist:

1. Wie wird ein Arbeitsloser oder ein Sozialhilfeempfänger diesen Aufkleber empfinden?

2. Was sagt derjenige, der sich diesen Satz auf sein Auto klebt, über sich selbst aus?

3. Was sagt der Satz zur Solidarität?

4. Was würdet ihr der Autofahrerin/dem Autofahrer gerne sagen?

M 2 Gerechtigkeit?

An einem Wintertag führte man dem Polizeirichter La Guardia einen alten, vor Kälte zitternden Mann vor. Man hatte ihn in einem Laden beim Brotdiebstahl ertappt. La Guardia sah sich an das Gesetz gebunden, das keine Ausnahme duldet. So verurteilte er den Mann zu einer Geldstrafe von 10 Dollar. Dann aber griff er in die eigene Tasche und bezahlte den Betrag anstelle des Angeklagten. Er warf die Zehndollarnote in seinen grauen Filzhut. Darauf wandte er sich an die Anwesenden im Gerichtssaal und bestrafte jeden Einzelnen von ihnen mit einem Bußgeld von 50 Cent und begründete die Strafe mit dem Hinweis, dass sie in einer Stadt lebten, wo ein Mensch Brot stehlen müsse, um nicht zu verhungern. Der Gerichtsdiener ging sofort mit dem grauen Filzhut durch die Reihen und kassierte die Geldbuße. Die Summe wurde dem Angeklagten übergeben. Dieser traute seinen Augen nicht. Er verließ den Gerichtssaal mit 47 Dollar und 50 Cent.

Autor unbekannt.

aus: Seite vom 24. März im Misereor Fastenkalender 1998. Herausgeber: Bischöfliches Hilfswerk Misereor e. V., Mozartstraße 9, 52064 Aachen

M 4

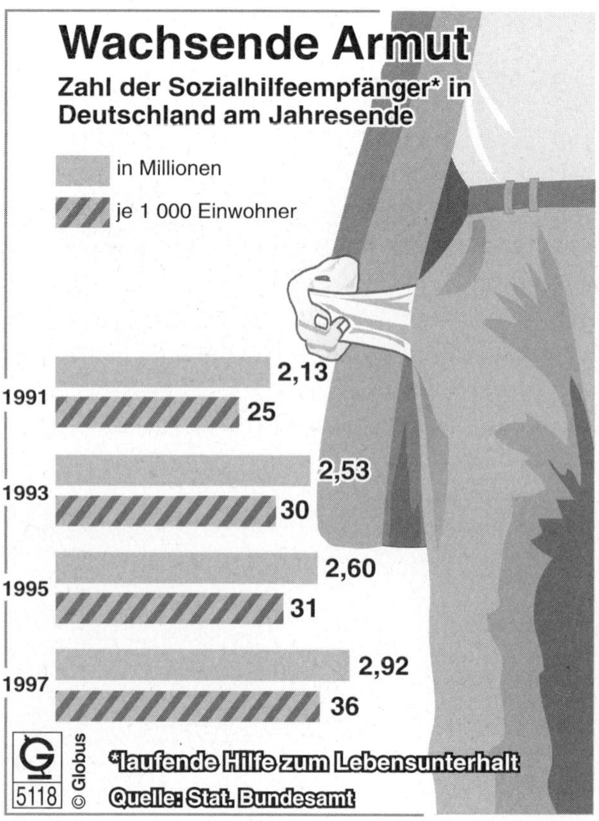

M 3

Aus einem Bericht

Seit drei Jahren werden diakonischen Einrichtungen nicht mehr die tatsächlichen Kosten, die entstehen, ersetzt. Einrichtungen der Jugend-, Behinderten- und Altenhilfe haben in den letzten drei Jahren insgesamt Mindereinnahmen von über 11% verkraften müssen. Diese Kürzungen können nicht mehr einfach durch verbesserte Managementmethoden oder betriebswirtschaftliche Organisationsbereiche aufgefangen werden. Dies ist bereits den Kürzungen vorausgegangen. Organisationsumstrukturierungen sind auf der Tagesordnung vieler diakonischer Einrichtungen. In manchen Bereichen musste der Standard inzwischen abgesenkt werden. Ich meine, wir haben in der Öffentlichkeit erneut Partei zu ergreifen für soziale Menschenrechte und Mitmenschlichkeit, damit Menschen nicht auch durch Absenkung des Standards ins Abseits geraten. Dieser Auftrag erschöpft sich nicht in caritativen Diensten, sondern es ist ein Gesamtauftrag von Kirchen und Diakonie. Jesus stellte sich offen gegen die Ordnung seiner Zeit an die Seite der Armen und Benachteiligten.
In der Verhältnisbestimmung zwischen Kirche und Diakonie steht für uns aus Sicht der Diakonie gleichzeitig der Sozialstaat auf dem Prüfstand. Bisher war dieser Sozialstaat noch geprägt von einer christlichen Ethik, die Ausgleich schaffen will zwischen Armen und Reichen, zwischen Starken und Schwachen. Heute steht offensichtlich der Grundwert „Besitzstandswahrung“ im Mittelpunkt. Und der Umbau des Sozialstaates geschieht auf Kosten der Armen. Da und dort wird immer weiter gekürzt; Sozialhilfe soll noch weiter gekürzt werden, Kleidergeld soll gestrichen werden, manchmal auch mit der Bemerkung, damit wir dadurch die Kriterien für ein gemeinsames Europa erfüllen. Eine solche Argumentation gehört doch mehr an den Stammtisch als in den Mund von Politikern. (Beifall) Von vielen wird vergessen, dass sich Sozialpolitik und Wirtschaftspolitik bedingen. Sozialarbeit darf nicht nachrangig gegenüber den ökonomischen Zielen sein. Beides sind Pfeiler einer Brücke, und wir brauchen neben den Armutsberichten, wie ich bereits neulich bei einer Pressekonferenz ausführte, auch Reichtumsberichte, denn der Reichtum ist in unserer Gesellschaft weiterhin gestiegen.

aus: Bericht von Oberkirchenrat Jens Timm, dem Direktor des Diakonischen Werks der Evangelischen Landeskirche in Württemberg, vor der 12. Landessynode am 10. April 1997

M 5

Schon gewusst?

Armut in Deutschland? Nein, es gibt doch Sozialhilfe! Aber 40 Prozent der Berechtigten beziehen gar keine Sozialhilfe – aus Scheu, aus mangelnder Information, aus Angst vor der Behörde und eventuellen Regressansprüchen.

Dass die Sozialhilfebedürftigkeit in anderthalb Jahrzehnten um 100 (!) Prozent zugenommen hat, ist erschreckend – ebenso erschreckend wie die Bilder von Armut in unserer Gesellschaft: die Bettler in der Fußgängerzone, Menschen, die den Abfall der Lebensmittelmärkte nach Verwertbarem durchsuchen, Alleinerziehende, die sich mit ihren Kindern abkapseln, weil sie sich einen Schwimmbadbesuch oder eine Geburtstagseinladung einfach nicht leisten können.

Anfang der neunziger Jahre entstanden bei uns – nach amerikanischem Vorbild – die ersten Organisationen und Initiativen, die überschüssige, noch verwendbare Lebensmittel an Bedürftige verteilen.

Verdeckte, immer öfter aber auch offene Armut in einem reichen Land: Langzeitarbeitslosigkeit, Ausgrenzung, Überschuldung, Wohnungslosigkeit, Alkohol- und Tablettenabhängigkeit, Probleme in Ehe und Familie, Leben im Ghetto … Armut hat viele Gesichter – auch bei uns.

M 1

Über das Recht zu töten

"Should the Baby live?" – Ein Buch, das in Deutschland nicht erscheinen soll.

Von Andreas Kuhlmann

Nun kann keine Rede davon sein, dass sich bei näherem Hinsehen herausstellte, dass die Auffassung von Kuhse und Singer im Grunde harmlos sind. Nein, in dem Buch *Should the Baby live?* wird unmissverständlich die Auffassung vertreten, dass schwer geschädigte Neugeborene in bestimmten Fällen getötet werden sollten. Die Autoren sprechen von „Töten", da sie tröstende Illusionen zerstören wollen: Wenn man einem behinderten Neugeborenen eine lebenserhaltende Behandlung vorenthält, die bei jedem gesunden Baby selbstverständlich angewendet würde, so wird der Tod bewusst und gezielt herbeigeführt. Da es sich aber schon bei der so genannten „passiven Euthanasie" um aktives Töten handelt, gehen die Autoren noch einen Schritt weiter: Statt lediglich lebenserhaltende Maßnahmen zu unterlassen und das Kind langsam und qualvoll sterben zu lassen, solle man ihm doch lieber gleich eine tödliche Injektion verabreichen. [...]
Kuhse und Singer sind derselben Auffassung: Man dürfe nicht Leben „um jeden Preis" zu erhalten suchen, weil dies zu einem unerträglich qualvollen Leben führen könne. Man sei deshalb gezwungen zu entscheiden, ob die ärztliche Hilfe dem Kind zu einem hinreichend „lohnenden" Leben verhelfen könne. Jedem, so meinen die Autoren, müsse einleuchten, dass es extrem reduzierte Formen menschlicher Existenz gebe, die nicht „wert" seien, gelebt zu werden (im Original: „everybody accepts that some lives are not worth living"). [...]
Kuhse und Singer zeigen, dass die Entwicklung der medizinischen Techniken extreme Situationen heraufbeschwört, in denen es nötig ist, zwischen Leben und Tod für das Neugeborene zu wählen. Und sie zerstören damit die Illusion, dass man nur „der Natur ihren Lauf lässt", wenn man bei schwer behinderten Kindern nicht alles unternimmt, was bei gesunden Neugeborenen selbstverständlich wäre.
[...]
Die Gefahren, die sich in Kuhses und Singers Argumentation auftun, sind Gefahren, die die medizinische Praxis selbst heraufbeschwört. Das Buch *Should the Baby live?* liefert genug Beispiele dafür, dass Ärzte und Eltern behinderte Neugeborene – sogar durch bewusste Vorenthaltung von Nahrung – „sterben lassen", weil sie behindertes Leben ablehnen. Diese Praxis und die Begründungen dafür sind nicht der verirrten Fantasie zweier Philosophen entsprungen, sondern entsprechen einer verbreiteten Werthaltung.

aus: Frankfurter Rundschau, 29. Mai 1993

M 2

Zur Erinnerung

Maria Issler. Gedenkstätte Grafeneck e. V.

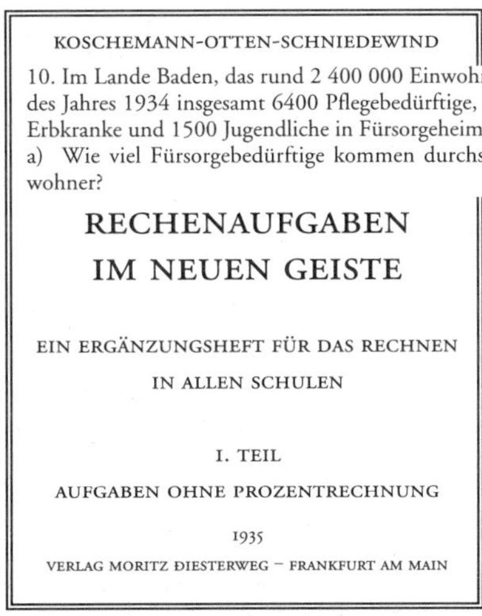

KOSCHEMANN-OTTEN-SCHNIEDEWIND

10. Im Lande Baden, das rund 2 400 000 Einwohner zählt, waren zu Anfang des Jahres 1934 insgesamt 6400 Pflegebedürftige, 4500 Geisteskranke, 2000 Erbkranke und 1500 Jugendliche in Fürsorgeheimen untergebracht.
a) Wie viel Fürsorgebedürftige kommen durchschnittlich auf 1 000 Einwohner?

RECHENAUFGABEN
IM NEUEN GEISTE

EIN ERGÄNZUNGSHEFT FÜR DAS RECHNEN
IN ALLEN SCHULEN

I. TEIL
AUFGABEN OHNE PROZENTRECHNUNG

1935
VERLAG MORITZ DIESTERWEG – FRANKFURT AM MAIN

17. Oktober 1903
Maria Issler wird in Edenkoben (Pfalz) geboren.

Sie wächst in ihrem Geburtsort zusammen mit zwölf Geschwistern auf.
Maria kommt in die Schule.
Ihre Mutter stirbt früh.
Nach der Schule führt Maria Issler dem Vater den Haushalt. In der Erntezeit hilft sie bei Bauern.

Sie bleibt unverheiratet.

Im Dorf sagt man von Maria, dass sie manchmal Wutanfälle bekommt. Sie hat einen „Putzteufel", sagt man.

1920: Sie bringt ihre erste Tochter zur Welt. Sechs Jahre später lernt das Kind mit den „Rechenaufgaben im neuen Geiste" das Rechnen. Die zweite Tochter wird geboren.

1934: Maria Issler wird bei Nacht von zwei Männern im Haus des Vaters gewaltsam aus dem Bett geholt und am 9. Juni in die Kreisheil- und Pflegeanstalt Klingenmünster gebracht.

Maria Issler wurde 1934 in die Kreisheil- und Pflegeanstalt Klingenmünster eingewiesen. Von hier wurde sie im Zuge der Kriegsevakuierung in die Heil- und Pflegeanstalt Günzburg verlegt. Ihr Akten enthalten den Hinweis auf einen kurzen Krankenhausaufenthalt in Landau. In diese Zeit fällt ihr Sterilisation. Am 11. Oktober 1940 wurde sie in eine „Reichsanstalt" gebracht. Wie es der Todesurkunde zu entnehmen ist, handelt es sich dabei um Grafeneck.

Die „Landespflegeanstralt Grafeneck" war die erste von sechs funktionsgerechten Niederlassungen im Reich, die ausschließlich auf das täglich eingehende Kommando der „Reichsarbeitsgemeinschaft" hörte.

Andere Tötungsanstalten waren Brandenburg an der Havel, Hartheim bei Linz, Sonnenstein bei Pirna, Bernburg an der Saale und Hadamar bei Limburg an der Lahn.

aus: „Gedenkstätte Grafeneck".
Hrsg.: Arbeitskreis Gedenkstätte Grafeneck e. V.

M 3

Der Gedanke lebt weiter?

Der Unterschied bestimmt den Wert.
Davon ging immer Gefahr aus. Weiß über schwarz. Stark über schwach. Gesund über krank. Nichtbehindert über Behindert.
Immer gab es Versuche, menschliches Leben zu bewerten. Die Maßstäbe für wertvoll und unwert lieferten die Gesunden, Starken. Und es wurden Begründungen und Instrumente dafür gesucht, das unwert erachtete Leben zu beenden oder zu vermeiden.

Um die Jahrhunderwende propagierten Ideologen die Auslese nach biologischen Gesichtspunkten.
„Stellt sich trotzdem heraus, dass das Neugeborene ein schmächtiges und missgestaltetes Kind ist, so wird ihm von dem Ärztekollegium, das über den Bürgerbrief der Gesellschaft entscheidet, ein sanfter Tod bereitet, sagen wir durch eine kleine Dosis Morphium." Ploetz, 1895

Die Nationalsozialisten werteten Leben nach der Lehre von der Erbgesundheit.
„Es ist aber nicht nur der Rückgang der Volkszahl, der zu schwersten Bedenken Anlass gibt, sondern im gleichen Maße die mehr und mehr in Erscheinung tretende Verschlechterung des Erbgutes unseres Volkes, die dauernde Zunahme von Menschen mit geistig und körperlich krankhaften Erbanlagen, die aus Gründen der Vererbung minderwertig und asozial, also völlig unbrauchbar für das Leben sind."
Ministerialdirektor Arthur Gütt, 1933

Es gibt heute Überlegungen, Glück zum Maßstab des Wertes von Leben zu machen.
„Sofern der Tod eines geschädigten Säuglings zur Geburt eines anderen Kindes mit besseren Aussichten auf ein glückliches Leben führt, dann ist die Gesamtsumme des Glücks größer, wenn der behinderte Säugling getötet wird. Der Verlust eines glücklichen Lebens für den ersten Säugling wird durch den Gewinn eines glücklichen Lebens für den zweiten aufgehoben. Wenn daher das Töten des behinderten Säuglings keine nachhaltige Wirkung auf andere hat, dann wäre es nach der Totalansicht richtig, ihn zu töten." Peter Singer, 1980

Menschliches Leben wird auch in Zukunft bewertet. Davon geht Gefahr aus. Gentechnik ermöglicht die gezielte Veränderung von lebenden Organismen. Das kann segensreich und heilend wirken. Aber menschliche Natur wird auch veränderbar. Es gibt damit ein Instrument, das tief in menschliches Leben eingreifen kann. Die Richtung der Veränderung wird vom Menschen gesetzt und umgesetzt.
Wer setzt die Maßstäbe? Welche Kriterien sollen gelten? Wer trifft die Entscheidungen und nach welchen Werten?

aus: „Gedenkstätte Grafeneck".
Hrsg.: Arbeitskreis Gedenkstätte Grafeneck

"Und Gott schuf den Menschen nach seinem Bilde,
zum Bilde Gottes schuf er ihn." 1. Mose 1,27 a

M 1

Mein Freund der Baum

Zeichnung: Sven Palmowski, Stuttgart

Arbeitsauftrag

Stell dir einen besonders schönen, eindrucksvollen Baum vor und notiere in die Umrisszeichnung hinein, was dir an ihm gefällt.

M 2

An unseren Bäumen werden wir erkannt

„Ich bin Leben, das leben will, mitten unter Leben, das Leben will", hat Albert Schweitzer gesagt. Unser Schicksal und das der Bäume hängen zusammen. Vor uns sterben die Bäume. So wenig ein Baum zu reduzieren ist auf seine Funktion, so sehr muss es zu unserem inneren Wissen gehören, was ein Baum für das Leben leistet.

Ein durchschnittlicher Laubbaum von 15–20 m Höhe bewirkt folgende ökologisch bedeutsame Leistungen:

Blattfläche	ca. 1000 m^2
Produktion organischer Stoffe	4000 kg/Jahr
Sauerstoffproduktion	3 Mill. l/Jahr 370 l/Stunde
Wasserverbrauch für die Sauerstofferzeugung	2500 l/Jahr
Pumpleistung	30 000/l/Jahr 80 l/Tag 5,7 l/Stunde
Filterleistungen der Belaubung (Staub usw.)	7000 kg/Jahr
Wurzelmasse	300–500 kg
durch Wurzeln verhinderter Wasserabfluss	70 000 l/Jahr
seine Wurzeln durchziehen	1 t Humusboden 500 t Mineralboden

Angenommener Jahresniederschlag am Standort des Baumes: 800 cbm

(Ökologie in Zahlen)

So absurd es ist, einen Baum auf diese Weise zu bewerten, so sehr macht es uns doch deutlich, dass er sich auch ganz nüchtern bewerten lässt. Was ist aber nur mit uns los, wenn wir alle Jahre nach dem alle Jahre wiederkehrenden und immer dramatischeren Waldschadensbericht zur Tagesordnung übergehen? Das Statistische Jahrbuch weist aus, dass wir viele Schäden exportieren und immer noch mehr Schäden woanders verursachen, als andere über den Himmel zu uns tragen. Zum Beispiel beträgt die Gesamtdeposition von oxidiertem Schwefel, die aus Polen nach Deutschland kommt, 39 000 Tonnen, und die Menge, die wir nach Polen emittieren 219 000 Tonnen. Aus Russland erreichen uns 800 Tonnen, während wir uns mit 83 300 Tonnen revanchieren. Ähnlich sieht das beim oxidierten Stickstoff aus. Die gegenseitigen Ablagerungsbeziehungen sind lediglich zu Frankreich und der Tschechischen Republik „ausgeglichen", im Falle Großbritanniens und Nordirlands erhält Deutschland mehr, als es gibt. Das liegt doch am Klima, werden sie sagen, an den Luftströmungen und Windrichtungen. Dagegen kann man nichts machen. Stimmt: dagegen nicht. Aber zum Beispiel gegen den Autoverkehr, der eine der Ursachen dafür ist, schon. Jedenfalls im Prinzip. Aber dann müssten uns die Bäume schon wirklich teuer sein.

Es gehört zu den großen religiösen Weisheiten, dass der Baum in fast jeder Religion etwas Heiliges hat und zum vielfältigen Symbol wird. Der Mensch, der über die Weisung Gottes Tag und Nacht nachsinnt, also nach dem lebenswerten Leben fragt, wird glücklich gepriesen, und der „ist wie ein Baum, gepflanzt an den Wasserbächen, der seine Frucht bringt zu seiner Zeit und seine Blätter verwelken nicht". Das ist genau der Mensch, in dem nicht ein Spötter sitzt. Volker Braun hat in einer Zeile, die sich auf Bertolt Brecht bezieht, den Paradigmenwechsel beschrieben. Hatte Brecht formuliert: „Was sind das für Zeiten, wo ein Gespräch über Bäume fast ein Verbrechen ist", so schreibt Volker Braun: „In diesen Zeiten, da selbst das Schweigen über Bäume… zum Verbrechen wird."

Und die neuen Grabenräumungsmaschinen, die das Gras am Straßenrand abmähen, reißen immer mehr die Rinde der Bäume auf, aus Achtlosigkeit: große Bäume an den Alleen von Wittenberg nach Straach und kleine, junge Bäume an der Straße zwischen Globig und Rackith. Welch eine Lebenshaltung spricht ausgerechnet aus dem alten Bismarck, der sagte: „Wenn meine politischen Taten längst vergessen sind, werden diese Pflanzungen beweisen, dass ich gelebt habe." Den nächsten Generationen Bäume vererben! An unseren Bäumen werden wir erkannt.

aus: Friedrich Schorlemmer, „Eisige Zeiten". Karl Blessing Verlag GmbH, München, in der Verlagsgruppe Bertelsmann GmbH, 1996, S. 44–46

M 3

Wie groß sind 450 Quadratzentimeter?

Nach dem Tierschutzgesetz muss der Halter „das Tier seiner Art und seinen Bedürfnissen entsprechend angemessen ernähren, pflegen und verhaltensgerecht unterbringen".
Die Hennenverordnung von 1987 beschränkt den Platz eines Huhns auf eine „Käfigbodenfläche von mindestens 450 Quadratzentimetern".

Dies ist eine Linie von 20 Zentimetern Länge. Ergänze sie hier oder auf einem Extrablatt zu einem Rechteck von 450 Quadratzentimetern Fläche.

M 1 Ein Modell

Flensburg Harrisleer Götterspeise e.V.

ICH MACHE MIT

<u>Lebensmittel für Bedürftige</u>

Die „*Flensburg-Harrisleer Götterspeise*" wurde im Mai 1997 nach dem Vorbild anderer Tafeln in Schleswig-Holstein, so z. B. in Lübeck, Kiel, Neumünster und Eutin, als langfristiges Projekt gegründet.

Aufgabe der „*Flensburg-Harrisleer Götterspeise*" ist es, überschüssige und gespendete Lebensmittel abzuholen und an bedürftige Menschen weiterzuleiten

Decken Sie mit uns die Flensburg-Harrisleer Tafel!

<u>Wir leben in Flensburg und Harrislee in Städten ohne Mangel an Lebensmitteln.</u>

<u>Das Gegenteil ist der Fall:</u>

In unserer Überflussgesellschaft werden ca. 20% aller Lebensmittel weggeschmissen oder z. B. an Schweine verfüttert – sie genügen unseren (zu) hohen Ansprüchen nicht mehr.

Das muss nicht sein!

Helfen sie uns, Lebensmittel an bedürftige Menschen weiterzuleiten.

Das Prinzip

Die *Flensburg-Harrisleer Götterspeise* hat sich als Verein gegründet, um den Überfluss an Lebensmitteln abzuschöpfen und ihn an Bedürftige in den beiden Städten zu verteilen.

Wer unterstützt die *Flensburg-Harrisleer Götterspeise?*

Obst- und GemüsehändlerInnen,
Bäckereien,
LebensmittelherstellerInnen und -händlerInnen,
Restaurants, Hotels,
Supermärkte etc.

M 2

Lust zu planen?

Arbeitsauftrag

Jetzt ist eure Fantasie gefragt. Versucht mit Hilfe der folgenden Fragen, eine Hilfsaktion (z.B. eine „Tafel“) in eurer Kirchengemeinde oder Stadt zu organisieren!

Für welche Menschen wollt ihr etwas tun?

____

Wie soll eure Hilfe aussehen?

____

Soll eure Hilfsaktion zeitlich begrenzt sein?

____

Wie könntet ihr Mithelfende gewinnen?

____

Was braucht ihr selbst an materiellen Hilfen (z.B. Fahrzeuge, Tische, Stühle, Geschirr, Küche)?

____

Wer wären eure Ansprechpartner?

____

Welche Räume kämen in Frage?

____

Wie könnte euch die Presse helfen?

____

Wie wollt ihr die Presse einsetzen?

____

M 3

Was es schon alles gibt …

Mehr Hilfe für Folteropfer
Diakonie plant nach Ulm zweites Behandlungszentrum im Land

Diakonie setzt sich für Schuldner ein

Gratis-Impfung für Bedürftige

Diakonie: Es wird zu viel gespielt
100 000 behandlungsbedürftige süchtige Spieler

Diakonie in Hamburg

Second Hand Clothes

Ropa de segunda mano

Vêtements d'occasion

Ικινχι ελδεν ελβισε

Kleidung aus zweiter Hand

„Tafeln" in 84 Städten

In 84 Städten im Bundesgebiet arbeiten mittlerweile „Tafeln, die Bedürftige und soziale Einrichtungen kostenlos mit Lebensmitteln versorgen", berichtet Sabine Werth, die Sprecherin des Bundesverbandes der Deutschen Tafeln. Die Tafeln sind gemeinnützige Vereine, die unter dem Motto „Vom Überfluss zum Rückfluss" übrig gebliebene Lebensmittel einsammeln und an Bedürftige verteilen. Vor drei Jahren startete die erste deutsche „Tafel" in Berlin – die Idee hat sich mit hohem Tempo ausgebreitet. Partner der Tafeln sind oft Großmärkte, Gaststätten und Lebensmittelhändler. Ein Großteil der Tafel-Arbeit wird von Ehrenamtlichen geleistet – wie bei City Harvest in New York, der „Stadt-Ernte" von der die „Tafel"-Idee einst ausging.

aus: Publik Forum, Zeitung kritischer Christen, Nr. 1, 1998, S. 23

TISCHLEIN DECK DICH · UELZER TAFEL ·

Diakonie-Laden in Nürtingen eröffnet
Nürtingen. Ein Diakonieladen für Gebrauchtkleidung und Möbel hat in Nürtingen in der Gerberstraße 19 eröffnet.

Arbeitslosigkeit – eine Herausforderung für die Diakonie

M 1

Leitmotiv

WIR

SETZEN

UNS

EIN

WIR SETZEN UNS EIN

FÜR DAS LEBEN

IN DER EINEN WELT.

FÜR

DAS

LEBEN

IN DER

EINEN

WELT

Aus Verantwortung für die eine Welt wirken wir dort, wo Not herrscht. Gerechtigkeit für die Armen, Bewahrung des Friedens und der Schöpfung sind Bausteine für eine gemeinsame Welt.
„Brot für die Welt", „Kirchen helfen Kirchen" und „Hoffnung für Osteuropa" sind unser Beitrag. Diese Zusammenarbeit erleben wir als wechselseitigen Prozess und als Chance für uns selbst.
Wir sind in die weltweite Diakonie der ökumenischen Gemeinschaft der Kirchen eingebunden.

Leitbild Diakonie
Angenommen auf der Diakonischen Konferenz
am 15. Oktober 1997 in Bremen

aus: Leitbild Diakonie – damit Leben gelingt! Herausgeber: Diakonisches Werk der Evangelischen Kirche in Deutschland e.V., Stafflenbergstraße 76, 70184 Stuttgart

M 2

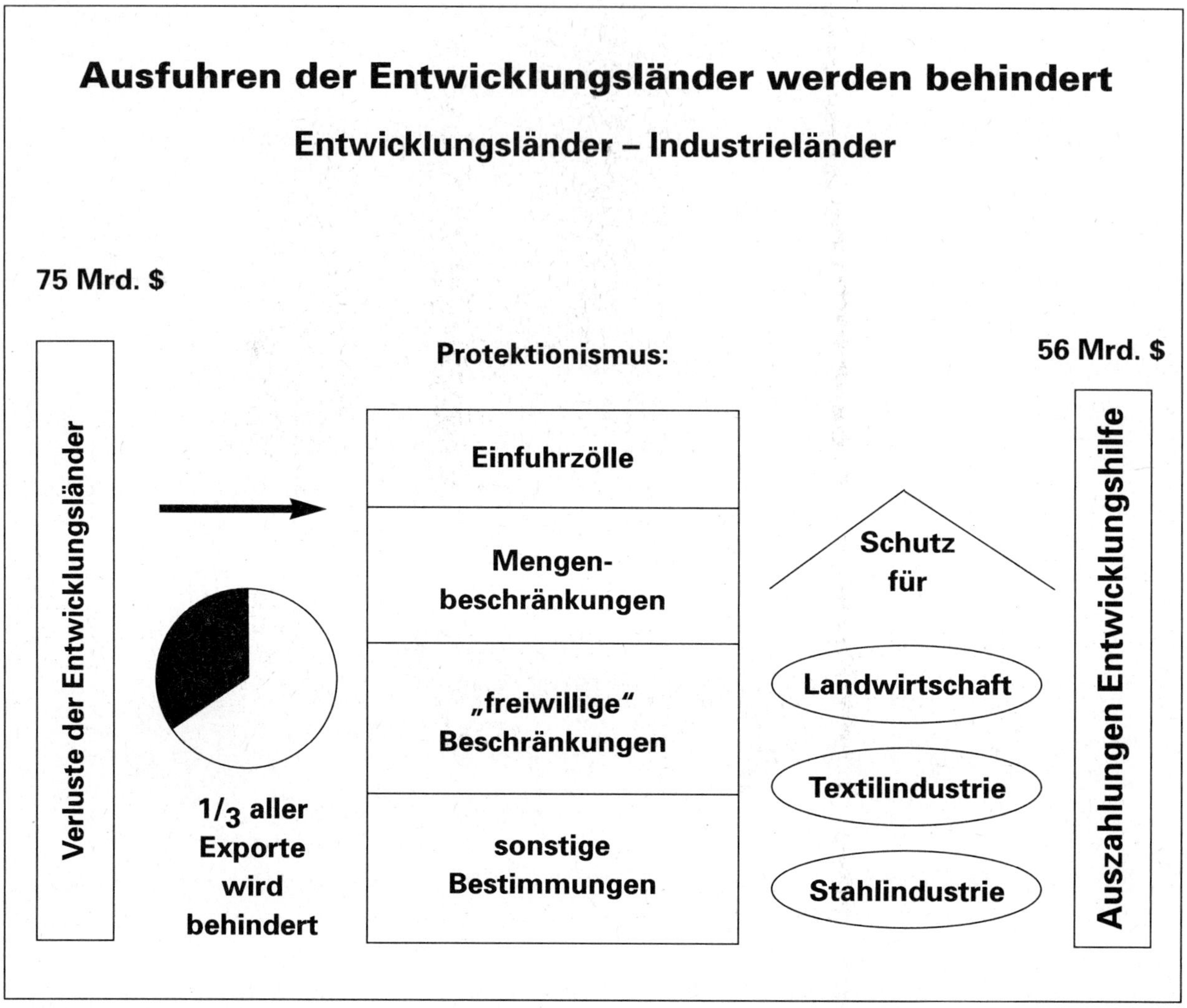

aus: „Atlas der Weltverwicklungen" 1992, S. 118. © Dritte Welt Haus Bielefeld

M 3

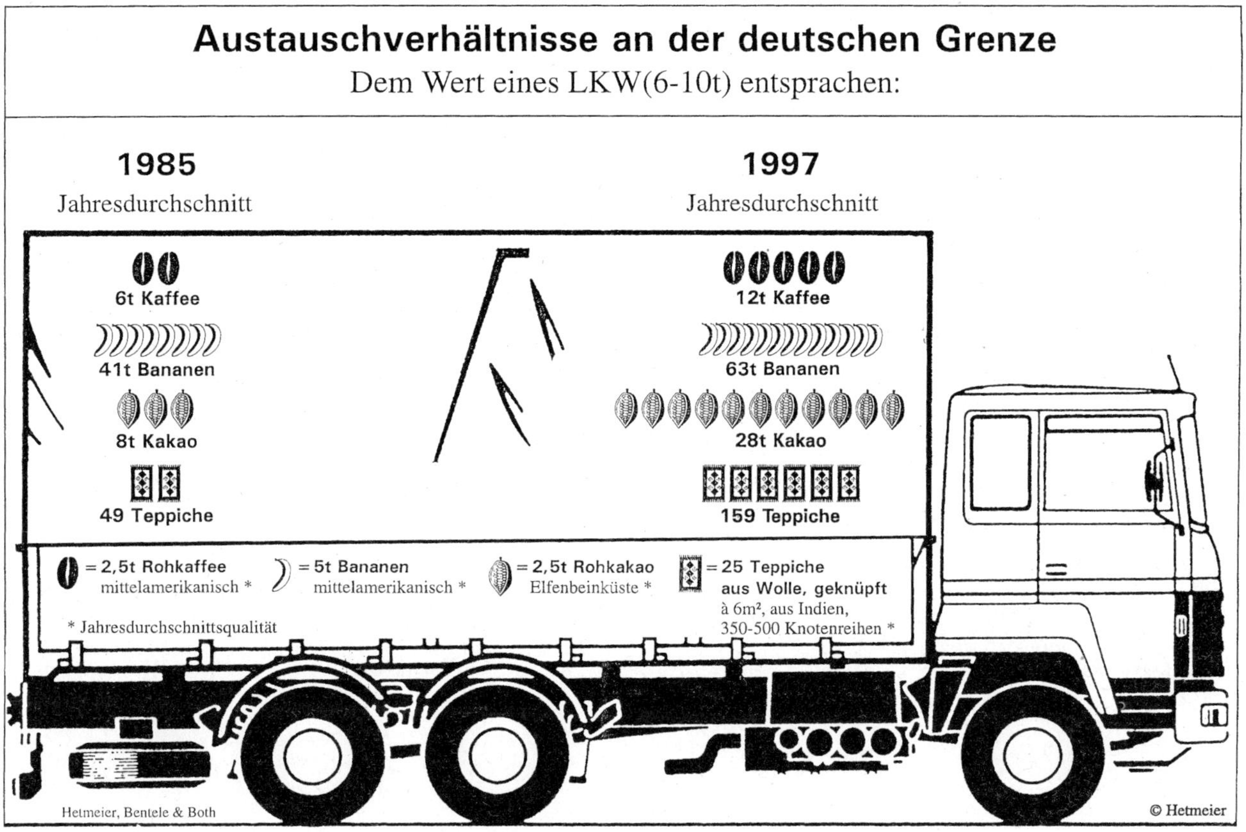

aus: „TransFair-Schokolade“. Hrsg.: TransFair e. V. Köln, in Verbindung mit Misereor und Brot für die Welt, Köln 1997, S. 15. © Hetmeier

M 4

Auswertung

Arbeitsauftrag

Dieses Arbeitsblatt bezieht sich auf die Unterrichtsschritte, die du in den letzten Minuten erlebt hast. Bitte versuche, deine Gefühle und Gedanken wahrzunehmen und zu notieren, die dich begleitet haben.

Was hast du bei dem Schokoladenspiel empfunden und gedacht?

Und wie ging es dir, als du von Handelshindernissen und Schutzmaßnahmen gehört hast?

Was hast du gedacht und gefühlt, als du von den gestiegenen Handelspreisen erfahren hast?

Hast du Ideen, was da verändert werden müsste?

M 1

Gott
liebt
uns
durch und durch
uns
liebt
Gott

Siegfried Macht, Hannover

M 2

GEBET
GEBEt
GEBet
GEbet
Gebet
gebet

aus: Siegfried Macht: Dein Name ist DuBistBeiMir. Merkbuch moderne religiöse Lyrik.

M 3

brot her
brot her
brot her
brother

Brotherr oder brother?

Siegfried Macht, Hannover

M 4

Die Fortsetzung
begegnet uns täglich.
Zum Beispiel in den Fußgängerzonen.
Not ist nicht romantisch.
Not tut weh.
Helfen tut gut.
Ohne unsere Bereitschaft zum Helfen
und die Fähigkeit,
Hilfe zur Selbsthilfe zu leisten,
wird es keine friedliche Zukunft der Menschheit geben.
Keine Almosen:
Teilen.
Nicht wegschauen:
Anpacken

Siegfried Schulz

M 5

Ein Rätsel

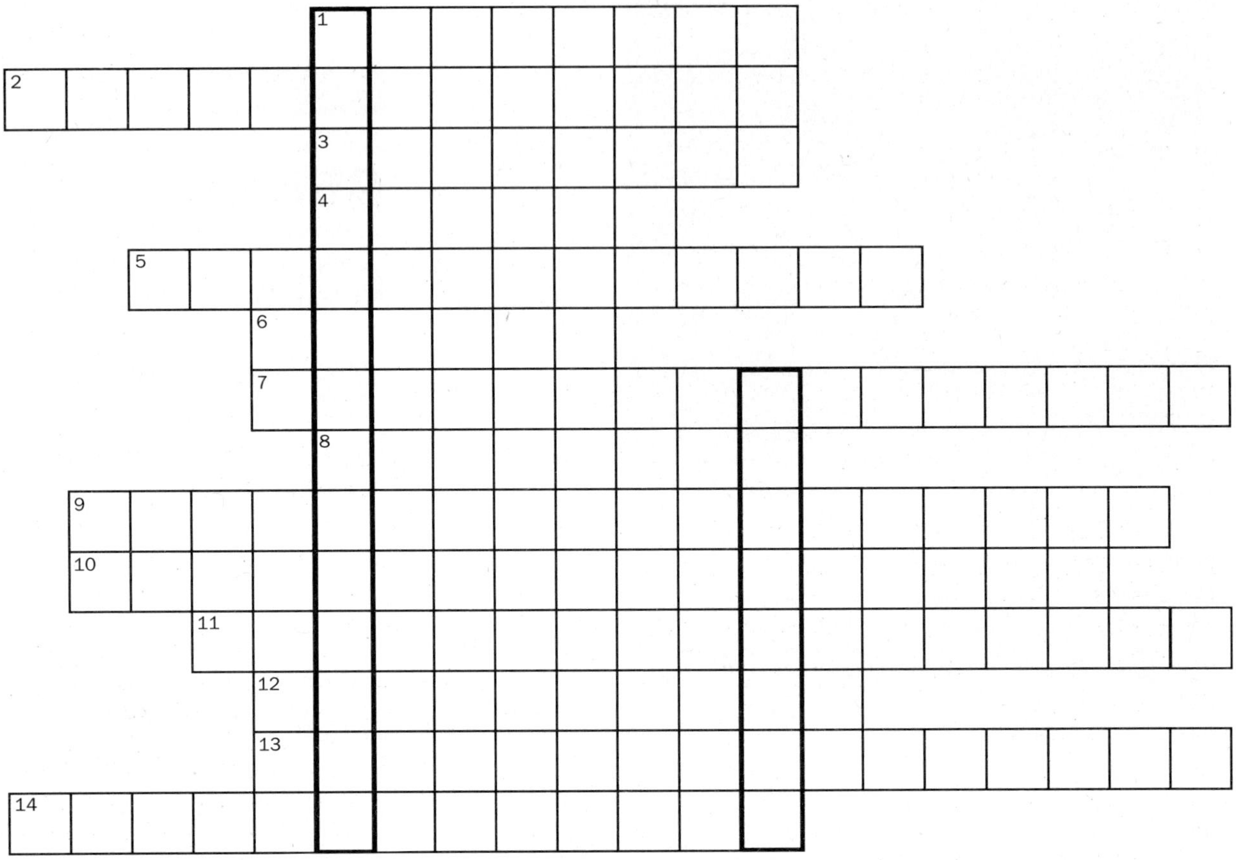

1. Bartträger mit Herz für die Armen
2. Das wollen alle, gesunde, kranke und alte Menschen (drei Wörter)
3. Vor- und Urbild der Diakonie
4. Haus des Lebens. Haus des Abschieds
5. Quelle der Hilfe nach dem Willen der Reformatoren
6. Junge Menschen abgekürzt – auch im Abenteuerland der Diakonie
7. Abhängige Menschen auf der schiefen Ebene
8. Träger vieler Erfahrungen
9. Theologe mit Hilfsangeboten für Menschen auf der Straße
10. Spektakulärer Einsatz für Flüchtlinge in einer Kirchengemeinde
11. Will Hilfsbedürftigen nahe sein wie ein Bruder, ist aber kein Bruder
12. Wenigstens das bist auch du jedem Menschen schuldig (zwei Wörter)
13. Rund um die Uhr und alle Tage im Jahr ansprechbar
14. Einkaufsmöglichkeit für Menschen mit Sonderausweis

Die Buchstaben in den beiden markierten Säulen ergeben eine Aufforderung, die jeden von uns angeht

Einleitung

Bei diesen Arbeitsblättern wird vorausgesetzt, dass jede Kollegin und jeder Kollege eigenständig mit den vorgelegten Materialien umgeht, sowohl was die Inhalte betrifft, als auch was die vorgeschlagenen Methoden angeht. Die vorgelegte Konzeption und die methodischen Hinweise sind personengebunden. Die Arbeitsblätter erlauben einen Blick in die Werkstatt zweier Kollegen: So haben wir unterrichtet. So können wir uns Unterricht zu diesem Thema vorstellen. Dass andere Lehrerpersönlichkeiten oder andere Lerngruppen andere Inhalte und Methoden verlangen, ist selbstverständlich. Hier wird kein Lernprogramm vorgelegt. Jede Kollegin und jeder Kollege sei zur größtmöglichen Freiheit im Umgang mit den Materialien aufgerufen. Auswahl, Umstellungen, Neuakzentuierungen, Ergänzungen usw. sind gewünscht. Unsere Hoffnung und Überzeugung ist, dass die vorgelegten Arbeitsblätter das möglich machen.
Eine sinnvolle Ergänzung der vorliegenden Arbeitsblätter ist das in dieser Reihe erschienene Unterrichtsmaterial „Arbeitsblätter Religion – Die soziale Frage“ von Ulrich Geiger.

Zwei technische Hinweise:
- Die Arbeitsblätter setzen Bibeln im Klassenzimmer voraus, weil nicht alle Bibeltexte in den Arbeitsblättern abgedruckt sind.
- Arbeitsaufträge, Fragen und Ergebnisse werden im folgenden Kommentar kursiv angekündigt, damit sie rascher auffindbar sind.

Wir wünschen allen, die mit diesem Heft arbeiten, viel Freude und persönlichen Gewinn. Uns ist es so ergangen. Möge die Arbeit an diesem Thema und mit diesen Arbeitsblättern Lehrenden und Lernenden dazu verhelfen, Vorurteile zu verlassen, die Welt an einem – gewiss nicht unwichtigen – Punkt mit neuen Augen zu sehen und dadurch fähig und bereit machen, sie liebens- und lebenswerter zu gestalten.

Sequenz I: Wahrnehmungen

A 1: Diakonie – Was ist das?

Die Stunde kann mit einem Tafelimpuls beginnen: „Diakonie – was ist das?“
Ziel dieses Impulses ist es, das Vorverständnis der Schülerinnen und Schüler wahrzunehmen, aber auch schon Einrichtungen der Diakonie an der Tafel zu sammeln.
M 1 „Alles Diakonie und noch mehr …“ soll dann eingesetzt werden, wenn das Gespräch stockt.

Arbeitsfragen:
- Kennt jemand eine dieser Einrichtungen?
- Um was kümmert sich wohl die „Alzheimer-Angehörigen-Gruppe“ oder das „Frauen- und Kinderschutzhaus“?
- Wie arbeitet wohl ein „Besuchsdienst im Krankenhaus“?
- Was für Menschen könnten da mitarbeiten?

Eine Alternative dazu, vielleicht auch eine Ergänzung, kann ein Telefonbuch sein, in dem die Gruppe sich darüber kundig machen kann, was es in ihrem Umfeld an diakonischen Einrichtungen und Angeboten gibt.

M 2 „Verantwortung übernehmen“ geht einen wichtigen Schritt über den ersten Unterrichtsschritt hinaus: Jetzt wird nicht nur zur Kenntnis genommen, dass es dies oder jenes in der Diakonie gibt, sondern wie schwer es ist, bei begrenzten finanziellen Mitteln das Richtige und Wichtige auszuwählen.

Arbeitsauftrag:
- Überlegt, für welche diakonische Einrichtung ihr euren Hundertmarkschein geben würdet!
- Notiert eure Gründe auf dem Arbeitsblatt!

Die Arbeit mit diesem Material soll in Kleingruppen geschehen, um das argumentierende Gespräch zu fördern und die Mitteilung von Beliebigkeiten zu vermeiden.
Am Ende dieser Phase soll die Aufforderung an Mitglieder der Lerngruppe stehen, diakonische Einrichtungen zu besuchen, die Menschen dort über ihre Arbeit und ihre Erfahrungen zu befragen und ihr neues Wissen dann als Referate in der Lerngruppe anzubieten.

M 3 „Zeichen und Zahlen“ bietet in einem Doppelschritt Informationen zu Diakonie und Caritas an: Zunächst dürfen die Schülerinnen und Schüler vermuten und schätzen. Dann erfahren sie die Fakten.

Ergebnis:

ist das Zeichen des Diakonischen Werkes der Evangelischen Kirche in Deutschland, das sogenannte Kronenkreuz.

ist das Zeichen des Deutschen Caritasverbandes e. V., des Liebeswerks der Katholischen Kirche in Deutschland.

Zu den Zahlen (Angaben vom 1.1.1996)

	Diakonie	Caritas
Hauptamtliche Mitarbeiter	401 510 bzw.	463 161
Einrichtungen insgesamt	31 686	24 841
davon stationäre Einrichtungen	5079	4510
und teilstationäre Einrichtungen	11 136	11 229
Ausbildungsstätten	543	712
Zahl der Betten und Heimplätze	1 076 024	1 214 485

Um eine Einschätzung der Größenordnung zu ermöglichen, kann darauf hingewiesen werden, dass die Firma Daimler-Benz, Stuttgart, im Jahr 1996 an erster Stelle der Industrieunternehmen in Deutschland stand und 290 029 Beschäftigte hatte. Die Firma Robert Bosch, ebenfalls Stuttgart, hatte im selben Jahr 176 481 Mitarbeiter (Quelle: „Die Zeit", 26. Juli 1997).
Zum Schluss kann mit **M 4** „Der Trottel" von Gudrun Pausewang nicht nur eine erholsame Phase angeboten, sondern auch gezeigt werden, welcher Umgang mit behinderten Menschen hilfreich und welcher nicht hilfreich ist. Die Erzählung eignet sich gut zum Vorlesen.

A 2: Wie sollen wir entscheiden?

Mit **M 1** „Pro und Contra" wird ein erfahrungsbezogener Zugang zum Thema eröffnet. Je „offizieller" und „wirklichkeitsnäher" die Aufgabe eingeführt wird, desto spannender ist sie natürlich für die Schülerinnen und Schüler.
In Kleingruppen sollen sie ihre Pro- und Contra-Argumente auf dem Arbeitsblatt sammeln, dann im Plenum zusammentragen und erörtern. Das Plenumsgespräch kann auch durch eine Tafelarbeit unterstützt werden.
Am Ende der Diskussion muss der Beschluss der Gruppe stehen.

M 2 „Pro Klasse zwei behinderte Schüler" soll in Partnerarbeit angegangen werden. Der Zeitungsartikel soll vor allem die Aktualität der ersten Aufgabe zeigen, bietet aber weitergehende Perspektiven.

Arbeitsfragen:
- Wer hätte Lust, an einem solchen Schulversuch teilzunehmen?
- Was wird in diesem Zeitungsartikel gesagt zu Schulversuchen dieser Art?

A 3: Brot – ein erfahrungsbezogener Umgang

Die Stunde setzt Kreisunterricht voraus: Die Tische sind zur Seite geschoben. Im Stuhlkreis oder inmitten des Sitzkreises auf dem Fußboden liegt auf einer Serviette ein großes Brot.
(Erweiterungen der Anordnung z. B. mit einem Krug Wasser sind natürlich möglich).
Die Eingangsfragen können heißen:
- Was empfindet ihr beim Anblick dieses Brotes?
- Welche Fantasien stellen sich ein? An was müsst ihr dabei denken?"

Das Ziel dieser Phase ist, die Schülerinnen und Schüler etwas spüren zu lassen von der Bedürftigkeit des Menschen, von Not und Hunger, von der Bedeutung des Abgebens und Teilens, des Helfens und der Solidarität, kurz des diakonischen Handelns. Elemente des Abendmahls können aufgenommen werden.
Die Lehrerin bzw. der Lehrer muss um eine ruhige und nachdenkliche Atmosphäre bemüht sein. Deshalb sollte **M 1** „Brotmeditation" auch nicht zu schnell eingesetzt werden. Das Blatt kann den Schülerinnen und Schülern zum stillen Lesen ohne jede weitere Erklärung in die Hand gegeben werden. Nur dann, wenn von seiten der Lerngruppe keine Reaktion erfolgt, sollen weiterführende Fragen gestellt werden.
Selbstverständlich wird das Brot in dieser Stunde gemeinsam gegessen. Die Modalitäten sind vorher mit der Lerngruppe zu klären: Das Brot brechen oder mit einem Messer zerschneiden? Nimmt sich jeder seinen Teil, oder geben wir einander das Brot? Dabei sind unterschiedliche Verfahrensweisen denkbar. Vor dem gemeinsamen Essen soll **M 2** „Brot das tröstet" vorgelesen werden, wodurch der Akt des Brotessens an Bedeutung gewinnt.

Sequenz II: Biblisch-theologische Grundlegung

A 4: Jesus, der erste Diakon

Die Lerngruppe sitzt im Kreis. Die Stunde beginnt damit, dass die Lehrerin oder der Lehrer eine Schüssel mit Wasser, eine Seifenschale mit Seife und ein Handtuch in die Mitte legt und anbietet, den Schülerinnen und Schülern reihum die Füße zu waschen. Üblicherweise wird das entschieden abgelehnt. Die Übung darf selbstverständlich eine Vorstellung, eine Gedankenübung bleiben. Gut wäre es, wenn die Zumutung an die Schülerinnen und Schüler nicht vorschnell aufgegeben würde. Sie sollen die Situation als Herausforderung erleben und ihre Gefühle dabei möglichst deutlich wahrnehmen.
(Eine alternative Übung ist – wenn auch nicht so provozierend – das Angebot, die Schuhe zu putzen.)
Als nächstes wird die Überlieferung von der Fußwaschung, Johannes 13,1-15, vorgelesen und daraufhin dann den Schülerinnen und Schülern das Blatt **M 1** „Wie ist es dir ergangen?" ausgeteilt.
Das sich dann anschließende Gespräch im Plenum sollte jene Aspekte aufnehmen, die im Arbeitsblatt notiert worden sind.

Ergebnisse dieser Phase können sein:
- Es ist leichter, anderen zu helfen als sich selbst helfen zu lassen.
- Mythen und Sagen kennen vor allem den Helden, den Heroen (Herakles, Siegfried, Achill etc.).
- Jesus wollte mit der Fußwaschung das Verhalten der Christen untereinander prägen.

Grundsätzlich wichtig ist die Vermittlung der Erkenntnis, dass Diakonie sich nicht versteht als Leistung, mit der man sich „den Himmel verdienen" könne (sogenannte Karfreitagsdiakonie), sondern als selbstverständlicher Dank für das Ja Gottes zum Menschen, für die erlebte Güte Gottes (sogenannte Osterdiakonie).

A 5: Der barmherzige Samariter

Diese Stunde beginnt mit **M 1** „Schwester", einem provozierenden Cartoon. Das Material soll die Schülerinnen und Schüler motivieren, aber auch bereits für das Problem sensibilisieren, dass Hilfe für den Nächsten den Einzelnen auch überfordern kann: „Welche Gründe können zu dem Zusammenbruch der Krankenschwester geführt haben?"
Denkbare *Ergebnisse* sind:
- Personalmangel
- Selbstüberforderung
- Überforderung durch Vorgesetzte oder Patienten
- Organisatorische Mängel
- Selbstüberschätzung

etc.

Dann wird **M 2** „Was sagst du dazu" ausgeteilt und das Gleichnis vom barmherzigen Samariter gemeinsam gelesen. Wengistens zwei oder drei Szenen sollten nach dem Lesen kurz angespielt werden, damit die Erzählung Aktualität und Farbe erhält.

Arbeitsanweisungen:
1. Szene: Versuche doch mal jemand, einen Ohnmächtigen auf einen Esel (= Tisch) zu heben!
2. Szene: Spielt ein Streitgespräch zwischen Samariter und Wirt. Der Samariter versucht, den blutenden (!) Überfallenen im Gasthaus unterzubringen, aber der Wirt fürchtet Mehrkosten durch die Verschmutzung der Bettwäsche.
3. Szene: Spielt eine Abschiedsszene: Der Samariter nimmt am anderen Morgen Abschied vom Überfallenen. Wird der Überfallene nur dankbar sein oder auch Ängste artikulieren?

Danach werden die *Arbeitsaufträge* von den Schülern – allein oder mit einem Partner – bearbeitet.

Frage 1 – Vers 34 (Der Samariter riskiert sein Leben.)
Frage 2 – Vers 35 (Der Samariter will künftig entstehende Kosten bezahlen.)
Frage 3 – Vers 34 (Es ist nahezu unmöglich, einen Bewusstlosen allein auf einen Esel zu heben.)
Frage 4 – Vers 35 (Der Samariter zieht weiter und überlässt den Überfallenen dem Wirt.)

Mit Hilfe von **M 3** „Der bessere barmherzige Samariter" können Schülerinnen und Schüler einen ersten Eindruck dafür gewinnen, dass Individualdiakonie durch Gesellschaftsdiakonie ergänzt werden muss: Die Straßen müssen für die Passanten sicherer gemacht werden.
Nach dem Lesen oder Vorlesen der Erzählung von Schnydrig kann ein Gruppenspiel beginnen.

Arbeitsauftrag:
Die Lerngruppe stellt den Stadtrat von Jericho dar. Der Samariter hat den Antrag gestellt, die Polizeikräfte zu verstärken, damit die Steige hinauf nach Jerusalem häufiger kontrolliert werden kann. Aber die Stadt ist in ihren finanziellen Möglichkeiten eingeschränkt, weil sie eine Wasserleitung bauen will. Ver-

schiedene Lösungen werden diskutiert. Am Ende der Diskussion steht ein Beschluss.

A 6: Die ersten Almosenpfleger

Die Stunde beginnt mit **M 1** „Griechisch in Jerusalem?". Die Abbildung zeigt einen Teil der Abschrankung, die zur Zeit Jesu den inneren Tempelbezirk vom übrigen Tempelplatz abgegrenzt hat. Ein erster Kalksteinblock mit der griechischen siebenzeiligen Inschrift wurde 1871, ein zweites, allerdings fragmentarisches Stück wurde 1935 gefunden. Die Übersetzung lautet:
„Einem Fremden ist es verboten, die den Tempel und seinen Hof umgebende Balustrade zu überschreiten. Wer dabei ertappt wird, wird angeklagt und zum Tod verurteilt."
Das Klassengespräch muss deutlich machen, dass Griechisch nicht nur die Umgangssprache der Antike war, sondern dass viele griechisch sprechenden Juden immer wieder Jerusalem, ihre heilige Stadt, aufsuchten. Besonders im Alter siedelten sich viele Diasporajuden in Jerusalem an. Häufig handelte es sich dabei um Witwen, die nach dem Tod ihrer Männer nach Jerusalem zogen.
Allerdings waren sie oft mittellos und lebten nicht selten weit von ihrer Verwandtschaft entfernt, sodass sie von dieser Seite ohne Unterstützung waren. Die ersten Christen sorgten für solche Frauen, wenn sie zu ihrer Gemeinschaft gehörten, z. B. auch bei den Agapen, den Liebesmählern. Die Agapen waren gemeinsame Abendessen, zu denen jeder das mitbrachte, was er sowieso gegessen hätte. Die Gaben wurden unter allen Anwesenden verteilt. Wer nichts mitbringen konnte, wurde auch verköstigt.
Je mehr Bedürftige und Mittellose jedoch zu diesen „Liebesmählern" kamen, desto mehr wurde den Besitzenden abverlangt und desto schwieriger wurde die gerechte Verteilung der Gaben.

M 2 „Streit in der Urgemeinde" fasst die Situation zusammen und leitet zur Problemlösung hin.

Arbeitsfrage:
– Wie sollen die Apostel entscheiden?

Die Problemlösung soll von der Gruppe spielerisch gesucht werden. Sie spielt eine Gemeindeversammlung oder eine Sitzung des „Apostelrats". Am Ende wird Apg 6/1–7 gelesen und die Lösung der Urgemeinde herausgearbeitet und zur Kenntnis genommen. Sie sollte aber auch problematisiert werden:

Frage:
– Seid ihr mit der Lösung des Problems in der Urgemeinde zufrieden?

Ergebnisse:
– Die sieben Almosenpfleger sind griechisch sprechende Judenchristen. Der Grundsatz, dass Betroffene zu beteiligen sind, ist vorbildlich berücksichtigt.
– Unter den sieben Almosenpflegern findet sich keine Frau. Der Grundsatz, dass Betroffene an der Problemlösung zu beteiligen sind, ist hinsichtlich der Frauen nicht durchgehalten worden.

A 7: Das Menschenbild in der Diakonie

M 1 „Zum Nachdenken" soll Anstoß zu einem Motivationsgespräch geben. Noch geht es nicht um Ergebnisse, sondern vielmehr um die Schaffung von Problembewusstsein in der Lerngruppe.

Arbeitsfragen:
– Was möchte der Karikaturist mit seiner Zeichnung sagen?
– Stimmt ihr ihm zu?

Das Gespräch wird je nach Situation im Klassenzimmer früher oder später abgebrochen, und die Lehrerin bzw. der Lehrer legt das Material **M 2** „Was ist der Mensch?" vor, das in Partnerarbeit zu bearbeiten ist. Unter Umständen ist es ratsam, die fünf Anstöße zu lesen und die Stoßrichtung der Aussagen gemeinsam zu erheben. Die Antworten, die dann in der Partnerarbeit gefunden werden, sollen nicht ausufernd diskutiert werden. Vielmehr wird wichtig sein, für **M 3** „Sieh, sie brauchen irgendeinen ..." und **M 4** „Psalm 8" ausreichend Zeit zu haben. Beim Gedicht von Albrecht Goes (geb. 1908, Pfarrer, freier Schriftsteller, lebt in Stuttgart) ist die Bedürftigkeit des Menschen hervorzuheben, die in den ersten beiden Strophen dargestellt wird, dann aber auch die Bereitschaft zum Engagement, die in den letzten beiden Strophen in der Form des Gebets erscheint; zunächst noch zaudernd und fragend in der dritten Strophe, dann aber bereit und um Kraft bittend in der letzten Strophe.

M 4 betont die Hoheit des Menschen, der über die Schöpfung gestellt und nahe zu Gott gerückt ist.
Fragen:
– Worin besteht die Nähe des Menschen zu Gott?
– Könnte sie auch in der menschlichen Fähigkeit zu Mitleid und Hilfe bestehen?

In der Diakonie gibt es zur Frage nach dem Menschenbild zehn Antworten (vgl. Kasten S. 81). Ergänzend zum bisher Erarbeiteten können diese Antworten mündlich vom Lehrer referiert werden oder besser noch auf Folie vorgegeben werden. Die Ant-

Zehn Antworten aus der Diakonie auf die Frage nach dem Menschenbild:

1. Jeder Mensch hat eine Würde.
2. Jeder Mensch ist ein Geschöpf Gottes und steht in Beziehung zu ihm.
3. Jeder Mensch trägt Verantwortung.
4. Die oberste Instanz des diakonischen Mitarbeiters ist nicht der Vorgesetzte, sondern Gott.
5. Jeder Mensch ist auf andere Menschen angewiesen.
6. Leben vollzieht sich in Beziehungen zu Gott, zum Mitmenschen, zur Schöpfung und zu sich selbst.
7. Wir wissen, dass keine Beziehung vollkommen gelingt.
8. Deshalb ist menschliches Leben auf Vergebung angewiesen.
9. Gerade weil wir wissen, dass wir im Vorläufigen und Unvollkommenen leben, müssen wir Leid und Not lindern, so weit uns das möglich ist.
10. Mitleid ist ein hohes Gut des Menschen.

worten dürfen kritisiert, ergänzt, gekürzt werden. Wenn sie in der Lerngruppe anerkannt sind, können sie auch Lernstoff sein.

A 8: Diakonie und Kirche

M 1 „Ein Fragebogen" wird den Schülern zur Beantwortung vorgelegt. Die Antworten sollten gezählt und die Zahlen später mit denen der offiziellen Zählung verglichen werden. Dies ist aber nur die Motivierung zur Beschäftigung mit der eigentlichen Frage:
- Wie sehen wir, die Mitglieder der Lerngruppe, und wie sieht die Mehrheit der Befragten die Aufgabenprioritäten der Kirche?

Wenn die Lehrerin, der Lehrer fix ist, kann **M 3** „Ein Bischof beschreibt die Kirche" vorgezogen und die Auszählung durchgeführt werden, solange **M 3** von den Schülerinnen und Schülern bearbeitet wird. Dann kann der Vergleich noch in der Stunde stattfinden. Sonst muss diese Arbeit in der nächsten Stunde geschehen.

M 2 „Prioritäten in der Kirche" ist für alle, die **M 1** bearbeitet haben, von selbstverständlichem Interesse. Motivierende Fragen können sein:
- Stimmen die Ergebnisse unserer Gruppe mit den offiziellen Ergebnissen überein?
- Welche offiziellen Ergebnisse haben überrascht?
- Welche Gründe vermutet ihr für die Auffälligkeiten?

Vermutlich wird sich auch für die Lerngruppe bestätigen, dass die Diakonie einen hohen, wenn nicht sogar den höchsten Stellenwert besitzt. Eine Ergebnisfixierung dieses Unterrichtsschritts ist nicht beabsichtigt.

M 3 „Ein Bischof beschreibt die Diakonie" ist dem Bericht von Landesbischof Eberhard Renz vor der Württembergischen Evangelischen Landessynode entnommen, den er am 10. April 1997 gehalten und dem er die Überschrift „... ein glühender Backofen voller Liebe ..." gegeben hat. Die angefragten vier Aspekte können in folgenden Ergebnissen formuliert werden:

1. Diakonie und Kirche gründen in Jesus Christus.
2. Diakonie bezeichnet alles helfende Handeln von Christen.
3. Diakonie bezeichnet alle entsprechenden Einrichtungen der Kirche.
4. Diakonie ist auch das gesellschaftliche Engagement der Kirche.

Über diese Beschreibung hinaus gibt es auch Problemfelder, die hier nicht erwähnt sind, aber u. U. zur Sprache kommen, z. B.:
- Die ungenügende Einbindung der Diakonie in die Gemeinden.
- Der Vorwurf, diakonische Einrichtungen seien nicht kirchlich genug.
- Der Vorwurf der Diakonie, das Engagement der Kirche im diakonischen Sektor sei zu gering.
- Der Vorwurf der Diakonie, die Kirche schmücke sich gern mit ihr, sei aber zurückhaltend, wenn es um Finanzen gehe.

Es muss der Klassensituation überlassen bleiben, was alles angesprochen werden kann und soll.

Sequenz III: Aus der Geschichte

A 9: Diakonie und Kirche in der Tradition

Ziel der nächsten Stunden ist es, einen Blick auf die Geschichte der Kirche zu werfen, in der seit den Anfängen die Liebestätigkeit eine große Rolle gespielt hat. Dass dies fragmentarisch bleiben muss, ist eine Selbstverständlichkeit.

M 1 „Zwei Heilige" zeigt, mit welcher Hochschätzung die Hilfsbedürftigen schon in den ersten Jahrhunderten bedacht wurden. Selbst zu zivilem Ungehorsam wird aufgerufen, wenn es um die Armen geht (Nikolaus). Ist das heute noch so?
Das nächste Material kann mit einem Tafelbild vorbereitet werden:

Werke der Barmherzigkeit heute:

Hilfsbereitschaft
Teilen
Zuhören
Gastfreundschaft
Gesprächsbereitschaft
Trösten
Für jemanden eintreten
Schwächere schützen
etc.

M 2 „Die Werke der Barmherzigkeit" führt einen Topos christlicher Pädagogik vor. Die einzelnen Motive stammen aus einem Glasfenster im Freiburger Münster, das um 1260 entstanden ist.

1. Werk: Den Durstigen tränken
2. Werk: Den Fremden beherbergen
3. Werk: Den Nackten bekleiden
4. Werk: Den Kranken versorgen
5. Werk: Den Gefangenen besuchen
6. Werk: Den Hungrigen speisen

Mit beiden Materialien kann exemplarisch gezeigt werden, dass z. B. mit Hilfe von Heiligenlegenden oder Bildern in den Kirchen stets zur Fürsorge für Bedürftige aufgerufen wurde. Eine interessante Spur ist auch die Etymologie des Wortes „Barmherzigkeit", eigentlich „Armherzigkeit", „ein Herz für die Armen haben".
Die Lehrerin bzw. der Lehrer sollte wissen, dass in anderen Aufzählungen als 7. Werk der Barmherzigkeit „Die Toten bestatten" genannt wird. Hinter dieser Ergänzung stand der Wunsch, die heilige Zahl sieben zu erreichen. Auch gibt es eine Aufzählung, die sieben geistliche Werke der Barmherzigkeit nennt. Unter Umständen ist diese Reihe eine sinnvolle Ergänzung im Unterricht.

1. Werk: Die Sünder zurechtweisen
2. Werk: Die Unwissenden lehren
3. Werk: Den Zweifelnden raten
4. Werk: Die Betrübten trösten
5. Werk: Unrecht geduldig ertragen
6. Werk: Den Beleidigern verzeihen
7. Werk: Für Lebende und Tote beten

A 10: Vom Kloster zum Hospiz

Mit Hilfe der Materialien dieses Arbeitsblattes lässt sich die Fürsorge für die Armen und Schwachen im Mittelalter erarbeiten. Auch zu dieser Zeit hat es eine umfangreiche Liebestätigkeit der Kirche gegeben.

M 1 „Auch die Klosterbrüder" fordert dazu heraus, die Schrift zu entziffern. Wichtig ist zu zeigen, dass solche Überlieferungen (Holzschnitt von 1477 (!)) vorbildliches Handeln vor allem den Klöstern, letztlich aber allen Christen vor Augen führten.

M 2 „Ein Blick in eine Kastenordnung" demonstriert das frühe Bemühen der Reformatoren (1523), die Fürsorge für die Hilfsbedürftigen in den entstehenden protestantischen Gemeinden zu institutionalisieren. Auch bei diesem Text werden manche Lerngruppen „Übersetzungsarbeit" zu leisten haben.

Auf M 3 „Im Hospiz (Rufus und Susanne)" sollte in keinem Fall verzichtet werden. Hier wird zum einen deutlich, wie Engagement für die Schwachen heute aussehen kann, zum anderen wird in aller Kürze ein neues Arbeitsfeld der Diakonie den Schülerinnen und Schülern vorgestellt.
Gleichzeitig können sie etwas im Blick auf einen an Aids Sterbenden und seine Betreuerin lernen, vor allem etwas über die Menschlichkeit des Menschen und die Faszination, in der Diakonie mit ihnen umzugehen.

A 11: Diakonie in schwerer Zeit

Es wäre unredlich, das Versagen der Diakonie in den Jahren des Dritten Reichs nicht anzusprechen. Die Verantwortlichen ließen sich nur allzu häufig einbinden in den Geist der Zeit, verrieten – teils nur zeitweilig, teils bis zum Ende des Dritten Reichs – das Menschenbild der Diakonie und damit auch die ihnen anvertrauten Heimbewohner. Die Zahl der getöteten Behinderten wird auf bis zu 400 000 geschätzt.
Hintergrund waren die Rassenideologie und der Gesichtspunkt der Wirtschaftlichkeit („Unnütze Esser",

„Unproduktive Volksgenossen") in der NS-Weltanschauung. Nach 1945 war man auch in der Diakonie geneigt, über diese Tatsachen zu schweigen und Schuld nicht zu bekennen.

M 1 „Diakonie im Dritten Reich" signalisiert die problematische Lage in vielen Einrichtungen jener Zeit. Es darf auf keinen Fall aus M 2 „Ein Zeitungsartikel" geschlossen werden, dass allein aus der Anstalt Stetten behinderte Menschen abtransportiert worden sind. Vielmehr ist die Diakonie Stetten, wie sie sich heute nennt, eine der ersten Einrichtungen der Diakonie gewesen, die ihre Vergangenheit der Jahre 1933 bis 1945 systematisch aufgearbeitet hat. Die Leitung der Einrichtung hat das Projekt tatkräftig unterstützt. Dennoch hatte gerade dieser Zeitungsartikel unter den Mitarbeitern vo Stetten zu starker Emotionalisierung und kontroversen Diskussionen geführt. Dabei wurde begründet darauf hingewiesen, dass es gerade auch Ludwig Schlaich gewesen ist, der unter Einsatz seines Lebens Widerstand geleistet hat.

Arbeitsfragen:
- Was wird in diesem Artikel als Begründung für das Verhalten des Heimleiters genannt?
- Warum finden solche Untersuchungen erst in unseren Jahren statt?
- Muss von Schuld gesprochen werden?
- Wo stehen wir heute vor ähnlichen Problemen?

Je nach Eigenart der Lerngruppe wird man dieses Thema intensiv oder weniger intensiv behandeln können.

Sequenz IV: Ausprägungen der Diakonie

A 12: Gemeindediakonie

M 1 „Für eine Befragung" ist dazu gedacht, die Schülerinnen und Schüler für ein Interview mit der Gemeindepfarrerin oder dem Gemeindepfarrer, mit den Kirchengemeinderätinnen und Kirchengemeinderäten auszurüsten. Trotz aller gegenteiligen Beobachtungen muss die Ortsgemeinde als der ursprüngliche und erste Ort der Diakonie gelten. Der Fragebogen soll die Aufmerksamkeit der Schülerinnen und Schüler, aber auch die der Verantwortlichen in der Gemeinde schärfen. Natürlich kann der Fragebogen durch die Lerngruppe verändert werden. Nach den Befragungen ist ein Austausch im Klassenplenum zu den Interviewerfahrungen unerlässlich. Der Verzicht auf die realen Interviews und eine Beschränkung dergestalt, dass die Schülerinnen und Schüler selbst die Fragen beantworten, wären ein kaum verantwortbarer Qualitätsverlust.

A 13: Einrichtungsdiakonie

Zunächst muss ein Gespräch über den Begriff „Einrichtungsdiakonie" stattfinden. Das kann über einen Tafelimpuls oder über die Titelzeile des Arbeitsblatts geschehen, falls es den Schülerinnen und Schülern schon vorliegt. Im Gespräch sollte schon eine Abgrenzung zur Gemeindediakonie versucht werden.

M 1 „Was könnte damit gemeint sein?" soll helfen, den Begriff „Einrichtungsdiakonie" nach der ersten Gesprächsphase inhaltlich zu vertiefen. Die Schüler können sich in Einzel- oder Partnerarbeit mit den Arbeitsaufträgen beschäftigen.
Mit Einrichtungsdiakonie bezeichnet man alle jene diakonischen Häuser, Einrichtungen und Anstalten, die Aufgaben übernehmen, die – aus den verschiedensten Gründen – in einer Ortsgemeinde nicht zu bewältigen sind. Typische Einrichtungen dieser Art sind Behindertenheime, Alten- und Altenpflegeheime, Waisenhäuser, Krankenhäuser u. ä. Viele dieser Häuser entstanden im 19. Jahrhundert. Das Bild zeigt (von links nach rechts) Mutterhaus, Wilhelmhospital und Paulinenhospital der Evangelischen Diakonissenanstalt Stuttgart vor der Zerstörung 1943.
Gut ist, dass mit der Einrichtungsdiakonie Hilfen angeboten werden können, zu denen eine örtliche Kirchengemeinde allein nicht in der Lage wäre.
Nicht so gut ist, dass eine Distanzierung (Entfernung und Entfremdung) zwischen Ortsgemeinde

und diakonischer Einrichtung, aber auch zwischen Heimatkirche und den in solchen Häusern Betreuten stattfindet.
Dieses Thema kann u. U. in wenigen Minuten abgehandelt werden.

A 14: Gesellschaftsdiakonie

Als Einstieg kann man auf zwei Texte (**M 2** + **M 3**) von A 5 zurückgreifen. Im Vergleich beider Texte lässt sich der Begriff „Gesellschaftsdiakonie" erstmals konkretisieren. Ähnlich wie bei A 13 wird dann die Aufgabe, den Begriff inhaltlich zu vertiefen, mit Hilfe von **M 1** „Und was macht man da?" an die Schülerinnen und Schüler weitergegeben. Das Material soll in Kleingruppen bearbeitet werden. Ausgehend von dem kleinen Text über Arbeitslosigkeit muss das *Ergebnis* sein, dass Gesellschaftsdiakonie

- nicht im Einzelfall helfen will;
- auf soziale Gerechtigkeit abzielt;
- diese Gerechtigkeit durch strukturelle Veränderungen erreichen will;
- dazu in der Öffentlichkeit Position bezieht;
- unter Umständen eine neue Gesetzgebung oder die Änderung von bestehenden Gesetzen intendiert.

Wenn der Begriff geklärt ist und – wie schon zu A 5 vorgeschlagen – noch kein Brief in gesellschaftsdiakonischer Motivation zu einem aktuellen Anlass von der Gruppe geschrieben worden ist, könnte das jetzt gemacht werden. (Für Schülerinnen und Schüler sind Schulprobleme immer reizvoll. Ein Anlass, sich mit einem diakonischen Anliegen brieflich z. B. an die Schulleitung oder die vorgesetzte Schulbehörde zu wenden, wird sich rasch finden lassen.)

A 15: Prophetische Diakonie

In dieser Stunde sollen Schülerinnen und Schüler die prophetische Dimension der Diakonie kennen lernen. Das Arbeitsblatt **M 1** „Zwei Sichtweisen" weist auf den Ursprung des Begriffs „Prophetische Diakonie" hin: Der Prophet sieht anders und tiefer als der Geschichtsschreiber. Der Prophet ist nicht an Landgewinn und Prachtentfaltung interessiert, sondern an Gerechtigkeit, Menschlichkeit, Respektierung des Willens Gottes.

Ergebnisse:
Der Geschichtsschreiber „sieht":

- Eine lange Regierungszeit
- Jerobeam II. bleibt in der Sünde des Reichsgründers, Jerobeams I.
- Jerobeam II. stellt die alten Reichsgrenzen wieder her.
- Gott sieht die Not Israels.
- Jerobeam war ein tapferer Kämpfer.
- Er hat die Gebiete von Damaskus und Hamat erobert.

Der Prophet Amos „sieht".

- Israeliten verkaufen Unschuldige für Geld ...
- ... und Arme für (den Gegenwert) von ein Paar Schuhen.
- Sie treten die Armen und Elenden in den Staub.
- Sohn und Vater gehen zu derselben Sklavin.
- Sie entweihen den heiligen Namen Gottes.
- Mit geweihtem Wein werden Propheten betrunken gemacht.
- Propheten dürfen nicht weissagen.
- Ein Erdbeben (oder der Einfall von Feinden) wird über Land und Volk kommen (V. 13)

M 2 „Ist das „Prophetische Diakonie?" problematisiert den Begriff. Während zunächst der kleine Text noch mit Zustimmung rechnen kann, werden die Vorschläge auch Widerspruch finden. Das ist beabsichtigt, denn nur wenn die Schüler auch emotional berührt sind, wird es gelingen, ihnen eine Ahnung von der Notwendigkeit, aber auch den Schwierigkeiten dieser Diakonieform zu vermitteln.

Arbeitsfragen:

- Was wäre heute zu tun?
- Was müsste prophetische Diakonie heute sagen?

Zum Schluss kann die Aufgabe gestellt werden, allein oder zu zweit eine „Amospredigt" zu verfassen, eine zornige Rede gegen Missstände unserer Tage im Sinn der prophetischen Diakonie. Das macht Spaß.

A 16: Die Helfer

M 1 „Was tun sie? Was motiviert sie?" will den Schülern zeigen, dass die unterschiedlichsten Berufe in der Diakonie arbeiten. Die Schüler sollen versuchen, die im Arbeitsblatt unten angegebenen Berufe den Personen zuzuordnen und entsprechend einzutragen. Es ist nicht entscheidend, ob die Zuordnung der Berufe durch die Schülerinnen und Schüler exakt gelungen ist oder nicht. Schwieriger ist die Frage nach der Motivation zu beantworten. Von ganz äußerlichen Gründen wie Nähe zum Wohnort über die Bezahlung bis hin zur bewussten Entscheidung für die Diakonie wird es ein breites Spektrum an Motiven geben.
Ein denkbares Tafelbild könnte sein: (siehe S. 85 oben)

Die biblisch-diakonischen Motive sollten durch farbige Kreide hervorgehoben werden.
Die exakte Zuordnung sieht so aus:

Vermutete Motive der diakonischen Mitarbeiter:

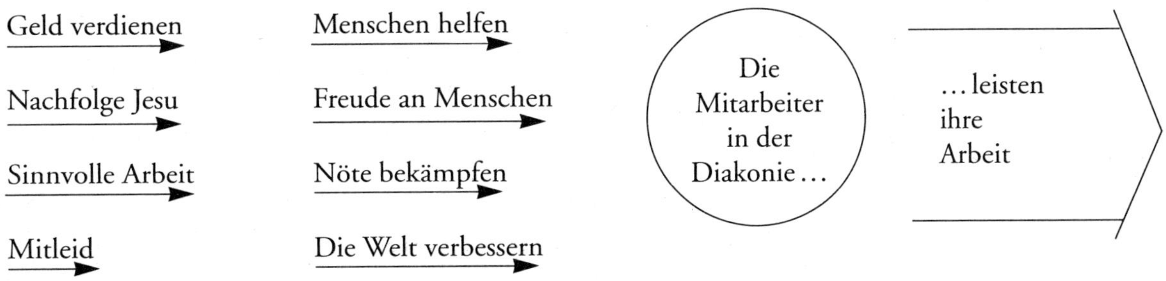

A – Arzt (2)
B – Krankengymnast (6)
C – Stationsleiterin, Krankenschwester (12)
D – Altenpflegerin (3)
E – Direktor (4)
F – Maler (9)
G – Schreiner (11)
H – Verwaltungsleiter (13)
I – Hauswirtschaftsleiterin (5)
J – Krankenpflegeschülerin (7)
K – Pfarrer (10)
L – Ärztin (1)
M – Krankenschwester (8)

M 2 „Partner und Helfer" gibt die Arbeitsfragen auf dem Blatt vor. Die Beschäftigung mit den Fragen könnte zu folgenden *Ergebnissen* führen:

- Alte, Kranke, Obdachlose, Behinderte werden in unterschiedlichster Weise betreut. Mitarbeiter der Diakonie geben zu trinken, musizieren, pflegen, aktivieren, therapieren, lesen vor, beraten, feiern u. ä. m.
- Die Mitarbeiterinnen und Mitarbeiter erleben Nähe, Gemeinschaft, Dank, Freude u. ä.
- Sie verstehen sich dabei auf einer Ebene mit den hilfsbedürftigen Menschen. Sie sind Partner, die denen helfen, die etwas nicht können. Die Mitarbeiterinnen und Mitarbeiter wissen, dass das umgekehrt auch gilt: Auch sie sind immer wieder auf Hilfen angewiesen, weil sie dies oder jenes nicht können
- Das Blatt weist auf biblische Begründungen hin: Da ist das Kreuz (Kronenkreuz) zu entdecken, die Tischgemeinschaft Jesu und die Aufforderung, im Geringsten der Brüder Jesus selbst zu sehen.

M 3 „Berufe mitten im Leben" belegt die Motivation junger Mitarbeiter in der Diakonie. Gleichzeitig gibt dieses Blatt erste Informationen zur Ausbildung.
Ergebnisse:
Motive sind

- Freude am Umgang mit Kindern
- Beistand für Schwächere
- Die Welt zum Guten verändern
- Das Gemeinschaftsgefühl stärken
- Benachteiligten helfen
- Selbstwertgefühl vermitteln
- Sich mit der ganzen Person fordern lassen
- Den Umgang mit Angst, Schuld und Versagen lernen

u. a. m.

A 17: Die Ehrenamtlichen

M 1 „Zum Beispiel im ambulanten Hospiz-Dienst" will nicht nur die Hospizarbeit (vgl. A. 10, **M 3**) in Erinnerung rufen, sondern die dort ehrenamtlich tätigen Menschen, ihre Biografien, ihre Motive und Gefühle in den Blick nehmen. Für die Beschäftigung mit diesem Blatt wird Stillarbeit vorgeschlagen. Die *Arbeitsfragen* lauten:

- Was hat diese ehrenamtlichen Mitarbeiter zu ihrer Tätigkeit geführt?
- Was war wohl das Hauptmotiv?
- Welchen Gewinn beziehen sie aus ihrer Tätigkeit?
- Was empfindet ihr bei der Beobachtung, dass diese Menschen unentgeltlich Zeit und Kraft für eine diakonische Tätigkeit geben?

Der Fragebogen **M 2** „Ehrenamtliche Mitarbeiter einstellen ..." problematisiert die ehrenamtliche Tätigkeit. Einige Aspekte werden automatisch durch den Fragebogen vermittelt, der in Stillarbeit ausgefüllt werden soll. Die Schülerinnen und Schüler sollen erfassen, dass und wie die Kirche Verantwortung auch für ihre ehrenamtlichen Mitarbeiterinnen und Mitarbeiter tragen muss. Das Ziel der Beschäftigung mit **M 2** ist erreicht, wenn in dem sich anschließenden Plenum heftig in der Lerngruppe diskutiert wird. Die Evangelische Kirche von Württemberg will die Fort- und Weiterbildung ihrer ehrenamtlichen Mitarbeiter, ersetzt Sach- und Fahrtkosten, versichert sie und rät dazu, sie in einer liturgischen Feier in ihren Dienst einzuführen und sie mit einem Dank und einer Urkunde am Ende ihrer Tätigkeit zu entlassen.

A 18: Diakonische Gemeinschaften

In dieser Stunde wird die Entstehung und gegenwärtige Situation eines diakonischen Zusammenschlusses vorgestellt. Der exemplarische Charakter der ausgewählten Gemeinschaft sollte erwähnt werden und entsprechend auf die vielen anderen evangelischen oder katholischen Helfergemeinschaften hingewiesen werden.

M 1 „Ein Diakoniewerk entsteht" wird in Still- oder Kleingruppenarbeit gelesen und dabei die Fragen beantwortet. Friederike und Theodor Fliedner gelten in der evangelischen Kirche als die Eltern der Mutterhausdiakonie.

Mögliche *Ergebnisse* (Fragen und Lösungen):
M 2 „Aus einer Statistik" wird im Plenum erarbeitet. Folgende *Arbeitsfragen* sollten gestellt werden:
- Was fällt euch auf?
- Was ist wohl eine „Diakonisse im Feierabend"?
- Was vermutet ihr, ist eine „Diakonische Schwester" im Gegensatz zu einer „Diakonisse"?
- Was fällt euch auf, wenn ihr die Zahlen der Mitglieder in den diakonischen Gemeinschaften mit der Gesamtzahl der Mitarbeiter vergleicht?

Mit Hilfe von entsprechenden Lehrerinformationen lassen sich folgende *Ergebnisse* erarbeiten:
- Die Gesamtstatistik des Kaiserswerther Verbands, aus welcher der Ausriss M 2 stammt, zählt für die Bundesrepublik Deutschland 75 Mutterhäuser mit 8997 Mitgliedern von diakonischen Gemeinschaften auf.
- Es gibt nur noch wenige Diakonissen, die aktiv im Berufsleben stehen.
- Dafür steigt die Zahl der diakonischen Schwestern und Brüder.
- Eine Diakonisse im Feierabend ist eine Diakonisse im Ruhestand.
- Bei den Diakonischen Schwestern und Brüdern ist die Lebensform der Diakonissen, gekennzeichnet durch das Schlagwort von der Glaubens-, Lebens- und Dienstgemeinschaft, reduziert auf die Glaubensgemeinschaft. Mit anderen Worten: Sie können selbstverständlich eine Familie gründen, wohnen in den eigenen vier Wänden und werden nach Tarif bezahlt. Ihre Besonderheit ist, dass sie ihre Arbeit vor dem Hintergrund ihres christlichen Glaubens reflektieren und gestalten.

A 19: Im Abenteuerland: Jugend und Diakonie

M 1 „Aus einem Bewerbungsbogen" entspricht im Wesentlichen der Rückseite eines Vordrucks, wie ihn eine evangelische Freikirche an interessierte Jugendliche ausgibt. (Auf der Vorderseite sind Angaben zur Person gefragt.) Schülerinnen und Schüler setzen

<u>Zu welcher Zeit und vor welchem Hintergrund entsteht das Diakoniewerk Kaiserswerth?</u>

Im frühen Industriezeitalter; in der 1. Hälfte des 19. Jahrhunderts.
Es gab viele Arme (Industrieproletariat).
Qualifizierte Krankenpfleger fehlten.
Es fehlten Erziehungs- und Bildungseinrichtungen für Kinder und Jugendliche.

<u>Was bestärkte die beiden Fliedners in ihrem Entschluss?</u>

Neutestamentliche Berichte über tatkräftige Helfer und Helferinnen in der jungen Gemeinde
Schriften zeitgenössischer Theologen.

<u>Worin bestand ihre neue Idee?</u>

Unverheiratete Frauen, die in der elterlichen oder geschwisterlichen Familie lebten, zu Krankenpflegerinnen oder zu Lehrerinnen auszubilden.

<u>Welche vorhandenen Prägungen haben sie übernommen?</u>

Sie übernahmen (unter anderem) „die gehorsame Verfügbarkeit" aus der katholischen Ordenstradition.
Sie übernahmen die Tracht der verheirateten Bürgerin am Niederrhein als Diakonissentracht.

sich mit dem Material still auseinander, füllen es möglicherweise auch aus. Die Reaktionen können von empörter Ablehnung bis zur leidenschaftlich vertretenen Zustimmung reichen. Wichtig sind die Argumente, die im Plenum ausgetauscht werden. Die Lehrerin bzw. der Lehrer wird darauf achten müssen, dass er nicht Werbung für ein Diakonisches Jahr im Unterricht betreibt, sondern vielmehr Verständnis für jede ernsthaft begründete Entscheidung weckt, gleichgültig, ob sie nun für oder gegen eine solche Tätigkeit spricht.

M 2 „Stichwort: Diakonisches Jahr" bietet die notwendigen Hintergrundinformationen zum Diakonischen Jahr. Wenn niemand in der Lerngruppe über solche oder ähnliche Angebote Bescheid weiß, muss **M 2** während der Beschäftigung mit **M 1** ausgegeben werden.

M 4 „Erfahrungen im Diakonischen Jahr" und **M 3** „Erfahrungen als Zivildienstleistender in der Diakonie" runden die Orientierung ab. *Arbeitsfragen* zu beiden Blättern können sein:
- Welche Aufgabe hatten Henrike und Andreas?
- Was hat sie motiviert?
- Welche Erfahrungen haben sie in ihrer Tätigkeit gemacht?

Wichtig ist zu betonen, dass sehr viele junge Menschen „auf Zeit" in der Diakonie arbeiten und dabei im Allgemeinen gute Erfahrungen machen.

Sequenz V: Diakonie ist Beziehung

A 20: Beziehung lernen zu blinden Menschen

Zunächst wird das Blatt **M 1** „Zur Einfühlung" vorgelegt. Nach einigen Augenblicken der Stille, in denen die Schülerinnen und Schüler auf ihre Gefühle, ihre Gedanken und Fantasien achten sollen, werden ihre Eindrücke gesammelt und in einem Tafelanschrieb festgehalten.

Denkbares Tafelbild:

Dann wird das Thema „Blindheit" in einem Klassengespräch behandelt. Die *Arbeitsfragen* sollten in diese Richtung gehen:
- Wie kommt es zu Sehbehinderungen und Blindheit?
- Wie bewältigen blinde Menschen ihr Leben? Können sie z. B. arbeiten, lesen, spazieren gehen?
- Wie geht es euch, wenn ihr versucht, in die Rollen von Sehbehinderten oder Blinden zu schlüpfen?

An diese Einstiegsphase schließen sich Übungen an, bei denen Schülerinnen und Schüler mit verbundenen Augen versuchen,
- ein Glas mit Wasser zu füllen,
- den eigenen Anorak unter den vielen Kleidungsstücken an den Kleiderhaken zu finden,
- eine Nähnadel einzufädeln,
- einen Knopf anzunähen oder
- einfach sich im Klassenzimmer zwischen Bänken und Stühlen zu orientieren.

M 2 „So nicht" soll die Schüler für den oft gedankenlosen Umgang der Nichtbehinderten mit den Behinderten sensibilisieren. Im Falle unseres Zeitungsartikels wird der Behinderte, d. h. der Blinde, von seinen Gesprächspartnern buchstäblich nicht wahrgenommen. Beharrlich wenden sie sich an seine Begleitperson und ignorieren ihn total.

Die Stunde kann abgeschlossen werden mit einem Klassengespräch bzw. mit einer Tafelarbeit.

Aufgabe:
Tragt doch einmal Ratschläge für einen hilfreichen Umgang mit blinden Menschen zusammen. Stellt euch vor, ihr gingt mit einem sehbehinderten oder blinden Menschen zum Einkaufen, ihr benutzt die Straßenbahn, ihr wollt über eine verkehrsreiche Straße u. ä.
Ganz wichtig ist es, den blinden Menschen nicht zu entmündigen, Hilfe anzubieten und abzuwarten, ob sie angenommen wird, sprachlich genau zu formulieren, aufmerksam und verlässlich zu sein.

<u>Meine Gedanken und Fantasien zu dem Bild:</u>

Der ist wie gefesselt.
Das wäre ganz schrecklich.
Wie kann man nur so leben!
Womit hat der das verdient?
Der ist doch bestraft.
Sind das Totenbinden?

Für den muss das Leben aber schwer sein …
Der ist doch immer auf die Hilfe anderer angewiesen.
Das erinnert mich an eine Mumie oder Leiche.
Das könnte das Symbol der Justitia sein.
etc.

A 21: Beziehung leben zu alten Menschen

M 1 „Ungleiches Paar" wird zunächst den Schülerinnen und Schülern ohne weiteren Kommentar vorgelegt. Üblicherweise erregt das Bild Staunen, manchmal auch Gelächter und zum Schluss nicht selten Bewunderung: So selbstverständlich gehen zwei so unterschiedliche Menschen miteinander um ...

Der *Arbeitsauftrag*, der sich an das informelle Gespräch anschließt, heißt:

– Schreibt eine Kurzgeschichte zu diesem Bild. Ist der junge Mann vielleicht der Enkel der alten Dame? Oder ist er eine Zufallsbekanntschaft? Was haben die beiden vor? Wohin sind sie unterwegs? Achtet darauf, dass eure Geschichte keinen von beiden lächerlich macht, sondern beide in ihrer Beziehung zueinander würdigt.

Die Kurzgeschichten können vorgelesen werden oder im Klassenzimmer ausgehängt werden.

A 22: Beziehung leben zu Obdachlosen

Bei diesem Arbeitsblatt liegt es noch deutlicher auf der Hand als bei den übrigen, bei denen es um „Beziehung leben ..." geht, dass hier ein Aufgabenfeld der Diakonie exemplarisch in einer Fragestellung fokussiert wird.

M 1 „Eine Kirchenkate planen" thematisiert das Problem Obdachlosigkeit und stellt den Schülern zugleich eine handlungsorientierte Aufgabe. Mit Freude und Fantasie sollen sie eine Einfachstbehausung, eine so genannte Kirchenkate, auf dem Millimeterpapier entwerfen, wie es Architekten tun würden. An die Arbeitsphase kann sich ein Auswertungsgespräch anschließen. *Arbeitsfragen*:

– Ist eine Dusche vorgesehen oder gar ein Bad?
– Was gehört in den Wohnraum alles hinein? Auch Sessel, Schrank, Bett, ein Teppich?
– Wie soll die Küche eingerichtet sein?

Es geht hier um das Vermögen, sich in die Bedürfnisse von Obdachlosen hineinzufühlen und hineinzudenken. Ist in dem Entwurf – wenn auch auf niedrigem Niveau – ein menschenwürdiges Leben möglich? Was gönnen wir Obdachlosen? Damit werden die Ergebnisse dieses Arbeitsauftrages zu einem Spiegelbild unserer Einstellung zu diesen Randsiedlern der Gesellschaft.

Mit weiteren *Problemfragen* wird das Thema vertieft:

– Seid ihr für oder gegen den Bau von Kirchenkaten?
– Werden Obdachlose in Kirchenkaten nicht zu Vorzeige-Obdachlosen?
– Welche Auswirkungen könnten viele Kirchenkaten für die jeweiligen kirchlichen und bürgerlichen Gemeinden und ihre Mitglieder haben?

M 2 „Die Kirchen-Kate" ist die offizielle Antwort auf den Arbeitsauftrag: So sieht die Kirchen-Kate tatsächlich aus. Wer ist besser, dieser oder jener der Schülerentwürfe oder der offizielle Entwurf? Welches Element ist hier oder dort besser verwirklicht?

A 23: Beziehung leben zu Flüchtlingen

Das Bild **M 1** „Vertriebene", das in Bosnien aufgenommen wurde, dient als Einstieg in die Stunde. Es soll den Schülern helfen, sich in die Situation von Flüchtlingen einzufühlen. Menschen, die durch das Kriegsgeschehen vertrieben wurden, sind in einem zerbombten Haus notdürftig untergekommen. Sie haben ein Dach über dem Kopf, sind aber Gefahren ausgesetzt, z. B. droht der Balkon abzubrechen bzw. Trümmer können auf sie herabzustürzen. Welche anderen Gefahren können wir uns darüber hinaus noch vorstellen? Der Lehrer sollte auch an Flüchtlinge unter ganz anderen Bedingungen erinnern, z. B. an die vielen Flüchtlinge in Afrika.
Das Aufgabenblatt **M 2** „Hilfen planen" wird in Kleingruppen von drei bis maximal fünf Schülern bearbeitet. Ziel ist es, den Horizont des Helfens ein wenig zu erweitern: Wie Geld beschaffen, wie die Sicherheit des Transports und der Begleitmannschaft gewährleisten, wie die Flüchtlinge beteiligen und damit würdigen (ganz abgesehen von den notwendigen Informationen, die bei uns nicht ohne weiteres zu bekommen sind) usw.?
Nach der Kleingruppenarbeit werden im Plenum die Einfälle und Vorschläge verglichen.

A 24: Beziehung leben zu Asylbewerbern

Das Stichwort „Kirchenasyl" ist ein Reizwort. Es muss im Vorfeld sehr gut erwogen werden, ob mit der Lerngruppe sinnvoll zum Kirchenasyl gearbeitet werden kann. Nicht selten erleben Lehrerinnen und Lehrer heftigen Widerstand im Klassenzimmer, werden Schlagworte gegen Flüchtlinge, Asylbewerber und kirchlich-diakonische Aktivitäten auf diesem Feld laut, die direkt von den Stammtischen zu kommen scheinen. Dann kann es geschehen, dass solche Parolen das Unterrichtsgeschehen bestimmen, und am Ende keine Einsicht gewonnen, sondern vielmehr ein Forum geboten worden ist, auf dem Vorurteile bekräftigt worden sind.
Hier wird vorgeschlagen, mit dem Wort „Kirchenasyl" als Tafelimpuls und einem Gespräch dazu zu

beginnen. Im Gespräch sollten die folgenden Grundsätze zur Sprache kommen. Es empfiehlt sich, sie – in verkürzter Form – auch an der Tafel festzuhalten.

- Die Kirchen haben die staatlichen Gesetze zu respektieren. Sie sind dankbar für die Ordnungsfunktion des Staates.
- Die Aufnahme der notleidenden Fremden ist ein uraltes biblisches Gebot.
- Wo die Kirchen mit staatlichem Handeln nicht einverstanden sind, haben sie die Rechtswege zu beschreiten.
- In Ausnahmefällen kann es passieren, dass einzelne Christen, gebunden an ihr Gewissen, dem staatlichen Handeln nicht nur widersprechen, sondern ihm entgegenhandeln.
- Dieser Ausnahmefall kann auch in seltenen Fällen für die Kirchen gelten.
- Wenn einzelne Christen oder Kirchen dem staatlichen Willen entgegenhandeln, müssen sie auch bereit sein, die rechtlichen Konsequenzen zu tragen.

M 1 „Reizwort ‚Kirchenasyl'" soll nur kurz behandelt werden. Das Bild erhält seinen Reiz durch den Gegensatz von Staatsgewalt (Polizei) und Nonnen. Es wirft die Frage auf, was denn da geschehen ist. Danach wird **M 2** „Abschiebestopp mit dem Rosenkranz" in Einzelarbeit von den Schülern still gelesen.

Der *Arbeitsauftrag* lautet:

- Notiert euch beim Lesen, was die Nonnen bei ihrem Kirchenasyl erlebt und erfahren haben.

Im anschließenden Plenumsgespräch können folgende Antworten erwartet werden:

- Zunächst haben die Schwestern mit den Behörden gut und vertrauensvoll zusammengearbeitet.
- Später kam es – ausgelöst durch den gewaltsamen Abschiebeversuch – zum Widerstand.
- Die Schwestern erlebten sich tief verunsichert, aber auch stark und voller Hoffnung.
- Sie fragten sich nach den Grenzen ihres Handelns.
- Sie erlebten ihr Handeln als eine grundsätzliche Anfrage an die Politik …
- … und an die Kirchenleitung, von der sie sich Solidarität erhofften.
- Sie spürten auch, wie sich ihr Gewissen schärfte.

A 25: Beziehung leben zu einem Koma-Patienten

Wer dieses Arbeitsblatt für den Unterricht wählt, muss zunächst das apallische Syndrom oder Wachkoma den Schülern erklären: Mit beiden Begriffen wird der Funktionsausfall der Großhirnrinde bezeichnet, wie er z. B. durch schwere Schädelhirnverletzungen nach Unfällen, durch Vergiftungen oder durch Schock entstehen kann. Der Patient liegt mit offenen Augen in einem schlafähnlichen Zustand. Blickfixierung oder Spontanäußerungen sind nicht möglich. Herz und Atmung funktionieren selbstständig. Der Patient muss künstlich ernährt und rund um die Uhr gepflegt werden. Jedes Jahr fallen in Deutschland rund 40 000 Menschen ins Koma. Bei etwa 5000 von ihnen dauert die Bewusstlosigkeit ein halbes Jahr und länger. Manche Patienten liegen zehn, fünfzehn und noch mehr Jahre im Koma. Aber es kommt auch vor, dass Menschen nach drei, fünf oder zehn Jahren aus dem Koma in ein selbstständiges Leben zurückfinden. Die Quote der Fehldiagnosen bei Apallikern beträgt bis zu 50 Prozent.

Die Schülerinnen und Schüler erhalten **M 1** „Eine Stimme aus der pflegenden Diakonie" zur stillen Bearbeitung. Die Arbeitsaufträge werden genannt und dann an die Tafel geschrieben. Nach dem Klassengespräch müsste in etwa dieser Tafelanschrieb entstanden sein:

- <u>Wie geht Schwester Erika mit ihren Koma-Patienten um?</u>

  Sie spricht mit ihnen, fragt, erklärt.
  Sie berührt sie.
  Sie versorgt sie pflegerisch.
  Sie schenkt ihnen Zuwendung.
  Sie lässt Musik für sie laufen.
  Sie fährt sie spazieren.
  Sie feiert mit ihnen Weihnachten.
  Sie liest ihnen vor.
  Sie gestaltet ihnen das Zimmer.
  Sie beruhigt sie.

- <u>Welche Zeichen hat sie an ihnen wahrgenommen?</u>

  Weinen bei der Weihnachtsfeier
  Mimische Veränderungen
  Akustische Reaktionen auf ihr Handeln

- <u>Was erlebt Schwester Erika bei ihrer Pflege?</u>

  Sie erlebt ihr Tun als sinnvoll.
  Fragen werden in ihr wach.
  Sie erlebt Trauer.

A 26: Beziehung leben zu behinderten Menschen

M 1 „Deutscher Menschenverbrauch“ ist mehr als nur der Auftakt zum Arbeitsblatt A26. Es erinnert an A11 „Diakonie in schwerer Zeit“, erinnert an das dort Besprochene und konkretisiert das „Beziehung leben ...“ der letzten Arbeitsblätter in dem Begriff „Freundschaft“. Der kleine Text hat seinen Höhepunkt im letzten Abschnitt „Ich würde Freunde verlieren ...“, „Eine Welt ohne das Lächeln der Mongoloiden und ihre Zärtlichkeit wäre eine unmenschliche Welt.“ Kein nicht behinderter Mensch definiert sich über seine Fehler oder Defizite. Warum sind wir dann bereit, die sogenannten behinderten Menschen über ihre Defizite zu definieren? Und im Blick auf den Rückgriff Klees auf die Mediziner des Dritten Reichs: Wer waren denn die eigentlich Behinderten, die Mongoloiden oder jene Mediziner, die vor den KZs Schlange standen, damit sie unmenschliche Versuche durchführen konnten? Wäre es nicht viel menschlicher, nach der Lebensfreude, der Hilfsbereitschaft, der Fähigkeit zur Freundschaft etc. zu fragen?
So etwa sollte das Gespräch zu diesem Material verlaufen.

M 2 „Eine Initiative“ unterstreicht das bisher Besprochene. Das Bild wirkt unmittelbarer als ein Text. Wer spürte nicht den Gegensatz zwischen der Bewegung des Radschlägers einerseits und der Fesselung des Rollstuhlfahrers. Aber was traurig stimmen könnte, schlägt in Hoffnung um. Denn hier haben sich zwei Gruppen gefunden, die miteinander tanzen werden. Abgrenzung und Ausgrenzung haben keinen Platz. die Zusammenarbeit läßt erwarten, dass spontane Lebensfreude, Bewegung, gemeinsames Hobby das Lebensgefühl aller Beteiligten bereichern werden. Das Ziel dieser beiden ersten Materialien ist es, unmittelbar zu überzeugen und vielleicht Einschränkungen, aber keinen Widerspruch aufkommen zu lassen.

Erst nach dieser Vorbereitung wird an **M 3** „Grundrechte für behinderte Menschen“ in Kleingruppen gearbeitet und anschließend im Plenum diskutiert.

Mit dem Material **M 4** „Soll ich meines Bruders Hüter sein?“ wird die Serie „Beziehung leben zu ...“ abgeschlossen. Es möchte die Schülerinnen und Schüler noch einmal auf ihre Aufmerksamkeit und Beziehungsfähigkeit ansprechen.

Arbeitsfragen:
- Wie geht es euch mit dieser Zeichnung? Was für Gefühle oder Phantasien erlebt ihr dabei?
- Was mag der Rollstuhlfahrer empfinden?
- Welche Gründe mag der Schirmträger für sein Verhalten haben?
- Wo habt ihr Ähnliches schon erlebt?
- Wie ist es euch dabei gegangen?

Sequenz VI: Zur Situation der Diakonie heute

A 27: Neue Herausforderung

Es gibt gewiss nicht nur eine neue Herausforderung. Wenn hier die neue Armut behandelt wird, dann bleibt unbestritten, dass Diakonie zu jeder Zeit für neue Entwicklungen wach und aufmerksam bleiben muss und dass es viele neue Herausforderungen gibt.

M 1 „Einmal darüber nachdenken“ nimmt ein Phänomen unserer Zeit auf. Wenn wohlhabende, leistungsstarke oder gedankenlose Menschen den Aufkleber als Witz begreifen wollen, so bleibt einem das Lachen im Hals stecken, wenn wir versuchen, uns angesichts dieses Autoaufklebers in die Lage von Armen zu versetzen.

M 2 „Gerechtigkeit?“ weist auf eine erste Denkrichtung: Ganz offensichtlich gibt es einen Zusammenhang zwischen Arm und Reich, gibt es Solidarität, Verpflichtung, Mitmenschlichkeit, die der Richter – wenn sie schon nicht freiwillig erbracht werden – zwangsweise einfordert.

Arbeitsfragen:
- Wer wird bestraft?
- Hat der Richter damit recht?
- Warum bestraft der Richter sich selbst?
- Warum haben alle Anwesenden die „Strafe“ bezahlt?
- Beschreibt den Zusammenhang zwischen den „Bestraften“ und dem Diebstahl des Bettlers.

M 3 „Aus einem Bericht“ belegt aus berufenem Mund das Auseinanderdriften von Arm und Reich, gleichzeitig werden Nöte und Aufgaben der Diakonie angedeutet: Die Diakonie hat zunehmend weniger finanzielle Mittel zur Verfügung. Wie soll sie da die neuen Aufgaben anpacken? Sie ist auch auf die Mithilfe der Kirche angewiesen. Gemeinsam muss der Ausbreitung der Armut in unserer Gesellschaft entgegengewirkt werden, z. B. auch durch Reichtumsberichte, die den Armutsberichten entsprechen. **M 3** sollte Grundlage eines Klassengesprächs sein.

M 4 „Wachsende Armut" kann herangezogen werden, um den Schülern das Problem mit konkreten Zahlen zu verdeutlichen.

M 5 „Schon gewusst" kann zur Stillarbeit vorgelegt werden. Am Schluss der Stunde können die Schülerinnen und Schüler Beobachtungen austauschen, die sie in Bezug auf die neue Armut selbst gemacht haben.

A 28: Neues Menschenbild

Dieses Arbeitsblatt bedarf einer kurzen Einführung durch den Lehrer. Es genügt, wenn von dem steten Bemühen der Philosophen gesprochen wird, den Menschen zu definieren und so Zwecken unterzuordnen. Solche Versuche haben eine lange Tradition und dauern bis in unsere Tage an. Andrerseits, wenn der Mensch nicht zu definieren ist, wenn er letztlich ein Geheimnis bleibt und eine unantastbare Würde besitzt, folgt auch daraus ein entsprechendes Verhalten. Eine andere Möglichkeit des Einstiegs ist über das Wort „Person" und seine Herkunft (von lat. personare = hindurchtönen; persona = Maske des antiken Schauspielers). Das Wort „Person" wird als Impuls an der Tafel vorgegeben, und die Schüler sollen darüber nachdenken, was denn durch das menschliche Gesicht, besser durch seine Person „hindurchtönt", was darin „zum Ausdruck" kommt. Sein jeweils individueller Geist? Ein Weltgeist? Gott?
Danach wird ein weiterführender Impuls gegeben: „In Würde zu leben heißt für mich …?" Die Schülerinnen und Schüler notieren allein oder in Gruppen ihre Gedanken. Die Angebote werden etwa so lauten:
- Das Recht auf Leben und Nahrung zu haben.
- Das Recht auf medizinische Versorgung, Kleidung, Behausung zu haben.
- Das Recht auf Bildung zu haben.
- Das Recht auf freie Meinungsäußerung zu besitzen.
- Das Recht auf körperliche Unverletzlichkeit zu haben.
- Das Recht auf Freiheit zu besitzen.
- etc.

Nach einem kurzen Austausch über die Ergebnisse kann **M 1** „Über das Recht zu töten" vorgelegt werden. Nach dem stillen Lesen wird die Gesprächsrunde eröffnet mit *Fragen* wie diese:
- Welche Position vertreten Kuhse und Singer?
- Inwiefern ist ihr Standpunkt neu und herausfordernd? (Sie befürworten das aktive Töten.)
- Was bedeutet das aktive Töten für Ärzte und Schwestern?
- Wo seht ihr Gefahren bei dieser Haltung?
- Wer entscheidet über Wert oder Unwert eines Lebens? Die Ärzte? Die Eltern? Ein Gremium?

M 2 „Zur Erinnerung" verweist auf die schleichende Herabwürdigung behinderter Menschen (vgl. die Rechenaufgabe) in den Jahren vor 1945, die dann zur massenhaften Tötung auch anderer unbequemer Menschen führte. Die Bilder und der Bericht über Maria Issler führen das plastisch vor. Ein Mensch wird zum Unmenschen und dann zum Nichtmensch. Am Ende ist der Bilderrahmen leer.

M 3 „Der Gedanke lebt weiter" wirkt wie eine Zusammenfassung. Hier ist weniger daran gedacht, diesen Text zu bearbeiten als vielmehr, ihn und seine Anfragen still zur Kenntnis zu nehmen. Dennoch: Als Maßstäbe werden im Text „Biologische Gesichtspunkte", „Erbgesundheit" und „Glück" genannt.

A 29: Neue Aufgabe-Schöpfungsdiakonie

In diesem Arbeitsblatt wird das Schlagwort von der „Schöpfungsdiakonie" bedacht. **M 1** „Mein Freund der Baum" bietet den Schülerinnen und Schülern einen emotionalen Einstieg. Üblicherweise freuen sich junge Menschen an Bäumen, und es gibt keine Schwierigkeiten mit dem Arbeitsauftrag. Die Freude und das Staunen, die im Klassenzimmer aufkommen, werden mit **M 2** „An unseren Bäumen werden wir erkannt" vertieft: So großartig sind Bäume! Das leisten sie! Das leisten sie auch für uns und unser Überleben! Gleichzeitig wird ein Appell spürbar, der Appell, mit den Bäumen und mit der Natur sorgsam umzugehen.

M 3 „Wie groß sind 450 Quadratzentimeter?" fordert zunächst die Lösung der mathematischen Aufgabe: Der Seitenlänge von 20 cm muss eine Seitenlänge von 22,5 cm entsprechen, damit eine Fläche von 450 qcm entsteht. Das lässt sich auf dem Blatt bequem einzeichnen. Ein Huhn hat laut Gesetz nicht einmal Anspruch auf die Fläche eines DIN-A4-Blatts.

Die Beschäftigung mit dem Thema „Schöpfungsdiakonie" kann so abgeschlossen werden, dass dieser Gedanke auf die Welt der Schule und der Schüler übertragen wird. In Kleingruppen sollen sie sich Gedanken machen, was sie in ihrem schulischen oder häuslichen Umfeld verbessern können.

Arbeitsfrage:
- Welche Aufgaben fallen euch für unsere Schule und für euer Zuhause ein?

Die Einfälle werden an der Tafel gesammelt und eine Prioritätenliste wird festgelegt. Natürlich wäre der Versuch, wenigstens einen Teil der Ideen in die Tat umzusetzen, höchst sinnvoll und wünschenswert.

A 30: Neue Wege – Lebensmittel für Bedürftige

M 1 „Ein Modell" führt beispielhaft zu einem neuen Weg, zu einer der vielen „Tafeln" in Deutschland hin. Es ist durchaus möglich, dass der eine oder die andere schon etwas von einer dieser „Tafeln" erfahren hat und der Gruppe mit Informationen dienen kann. Ziel muss sein, jeder Schülerin und jedem Schüler ein plastisches Bild von dieser Form der Armenspeisung zu vermitteln. Nur dann ist die Arbeit an **M 2** „Lust zu planen?" sinnvoll. Die Planung soll in Gruppen erfolgen. Die Schülerinnen und Schüler sollen dabei erfahren, was alles zu bedenken und zu organisieren ist, wenn Menschen sich in dieser Weise engagieren. Gleichzeitig ist darauf hinzuweisen, dass die Entstehung der „Tafeln" auch ein Hinweis ist auf neu entstandene Problemfelder, in diesem Fall auf die neue Armut.

M 3 „Was es schon alles gibt…" erinnert noch einmal an die vielfältigen Arbeitsfelder der Diakonie. Die Lehrerin bzw. der Lehrer wird die zahlreichen, auf Schlagworte reduzierten Aktivitäten erläutern und kommentieren müssen. Die Schülerinnen und Schüler können aus ihrem eigenen Umfeld evtl. weitere Aktivitäten einbringen.

A 31: Neue Wege – Die Dritte Welt

Mit diesem Arbeitsblatt wird auf das Problemfeld Dritte Welt hingewiesen. Häufig wird die Dritte-Welt-Problematik in einer eigenen Unterrichtseinheit behandelt. Dann gilt es zu überlegen, ob dieses Arbeitsblatt bearbeitet werden soll.

M 1 „Leitmotiv" stimmt auf das Thema der Stunde ein. Viele Schülerinnen und Schüler werden nicht wissen, dass z. B. „Brot für die Welt" eine Aktion der Diakonie ist. Das Material wird vorgelegt, gelesen und bearbeitet: Die Diakonie fühlte und fühlt sich durch die Armut in der Dritten Welt herausgefordert. Das gilt es zur Kenntnis zu nehmen.
Anschließend wird das „Schokoladenspiel" gespielt. Das Spiel geht von der Tatsache aus, dass etwa 20% der Weltbevölkerung zu den Reichen gehören. Die restlichen 80% der Weltbevölkerung sind zwar nicht alle arm, aber im Blick auf die Nahrungsmittel bedeutet diese Aufteilung, dass die 20% Reichen 60% der Nahrungsmittel verbrauchen, während die 80% der restlichen Weltbevölkerung sich mit 40% der Nahrungsmittel begnügen müssen. (Diese Informationen stammen vom Dritte Welt Haus Bielefeld und sind dem Buch „Atlas der Weltverwicklungen" 1992, S. 16 entnommen.)
Nun wird die Klasse im Verhältnis 2:8 (reiche und nicht reiche Bevölkerung) aufgeteilt. Dann packt die Lehrerin oder der Lehrer eine Tafel Schokolade aus, teilt sie im Verhältnis 6:4 (Anteil am Nahrungsverbrauch) und übergibt der kleinen Gruppe der Reichen den größeren Anteil und der größeren Gruppe der Nichtreichen den kleineren Anteil. Während der Aufteilung soll den Schülerinnen und Schülern erklärt werden, was und warum diese Teilungen vorgenommen werden und welchen Verhältnissen die Aufteilungen entsprechen. Nachdem die beiden Anteile den Gruppen übergeben worden sind, bleibt es den Schülerinnen und Schülern überlassen, was und wie sie agieren wollen. Es kann sein, dass ein Kampf um die jeweilige höchst persönliche Beute einsetzt, es kann sein, dass sich innerhalb der Gruppen Stimmen erheben, die zu Gerechtigkeit und Solidarität aufrufen, es kann sein, dass ein Ausgleich zwischen Reichen und Nichtreichen angestrebt wird.

Die weiterführende *Arbeitsfrage* heißt dann:
– Warum produzieren die Kakaonationen nicht selbst Schokolade und verkaufen sie weltweit?

Vermutlich werden kaum Kenntnisse in der Klasse vorhanden sein. Deshalb muss jetzt **M 2** „Ausfuhren der Entwicklungsländer werden behindert" eingebracht, erklärt und diskutiert werden. Diskutiert deshalb, weil die eine oder der andere den schematisch aufgezeichneten Protektionismus als durchaus berechtigt verteidigen wird.

M 3 „Austauschverhältnisse" zeigt den rapiden Verfall des Kakaopreises auf dem Weltmarkt, begründet noch einmal die zunehmende Verarmung der Bevölkerung und zeigt so die neuen Aspekte, von denen die Überschrift des Arbeitsblatts spricht. Spätestens jetzt muss eine Besinnungs- und Stillephase erfolgen, in der **M 4** „Auswertung" zur Bearbeitung vorgelegt wird. An dieser Stelle sollte verweilt werden, sollte Zeit sein, über Gefühle wie Zorn, Wut, Schuld, schlechtes Gewissen etc. zu sprechen.

A 32: Schlussstunde

Die Schlussstunde sollte etwas Besonderes sein. Schön wäre es, wenn wenigstens zum Schluss der Unterrichtseinheit der Besuch einer diakonischen oder caritativen Einrichtung gelänge. Was hier als Schlussrunde im Klassenzimmer vorgeschlagen wird, kann u. U. auch nach einem Besuch in den Räumen der besuchten Einrichtung möglich sein. In jedem Fall sollte diese Stunde gemeinsam mit den Schülerinnen und Schülern vorbereitet werden: Wer kann eine gute Geschichte, wer einen guten Text zur Diakonie mitbringen? Weiß jemand etwas z. B. von der Heiligen Elisabeth von Thüringen? Wer spielt Gitarre und kann evtl. Lieder begleiten? Wer möchte ein Lied mitbringen, wer einen Bibeltext zum Thema vorlesen?

In der Stunde sitzt die Lerngruppe im Kreis. Die Materialien **M 1–M 5** liegen in kleinen Stapeln in der Mitte zum Gebrauch bereit. Vielleicht möchte die Gruppe zunächst ein Lied singen. Dann kann je nach Planung dies oder das gesprochen, vorgelesen, gezeigt werden. Hier können sich zwei mit dem Kreuzworträtsel beschäftigen, dort zwei andere mit einem Text. Hier möchte jemand etwas fragen oder sagen. Dazu ist Zeit und Raum da. Der Charakter der Schlussstunde sollte nachdenklich sein. Wenn eine Gruppe zögert oder sich gar weigert, sich auf eine so gestaltete Schlussstunde einzulassen, sollte darauf verzichtet werden.

Die *Lösungen* zum Kreuzworträtsel:

1. Nikolaus
2. Leben in Würde
3. Christus
4. Hospiz
5. Kastenordnung
6. Azubis
7. Suchtgefährdete
8. Senioren
9. Obdachlosenpfarrer
10. Kirchenasylarbeit
11. Diakonieschwester
12. Nur Respekt
13. Telefonseelsorge
14. Diakonieladen

Die Aufforderung lautet:
Nicht zuschauen – anpacken!

RELIGION

WEITERE TITEL

SEKUNDARSTUFE I

Arbeitsblätter **Christliche Feste und Feiern**
32 Arbeitsblätter mit didaktisch-methodischen Kommentaren — ISBN 3-12-926726-3

Arbeitsblätter **Die Bibel - Begegnung mit einem ungewöhnlichen Buch**
28 Arbeitsblätter mit didaktisch-methodischen Kommentaren — ISBN 3-12-926728-X

Arbeitsblätter **Martin Luther und die Reformation**
26 Arbeitsblätter mit didaktisch-methodischen Kommentaren — ISBN 3-12-926735-2

Arbeitsblätter **Jesus Christus**
25 Arbeitsblätter mit didaktisch-methodischen Kommentaren — ISBN 3-12-926736-0

Arbeitsblätter **Verantwortete Partnerschaft**
28 Arbeitsblätter mit didaktisch-methodischen Kommentaren — ISBN 3-12-926763-8

Arbeitsblätter **„Sekten“ – neue Wege zum Heil?**
32 Arbeitsblätter mit didaktisch-methodischen Kommentaren — ISBN 3-12-926764-6

Arbeitsblätter **Zeichen und Symbole - Sprache des Glaubens**
50 Arbeitsblätter mit didaktisch-methodischen Kommentaren — ISBN 3-12-926748-4

Arbeitsblätter **Die Propheten**
28 Arbeitsblätter mit didaktisch-methodischen Kommentaren — ISBN 3-12-926749-2

Arbeitsblätter **Wohin geht die Lebensreise?**
28 Arbeitsblätter mit didaktisch-methodischen Kommentaren — ISBN 3-12-926738-7

Arbeitsblätter **Sterben und Hoffen**
37 Arbeitsblätter mit didaktisch-methodischen Kommentaren — ISBN 3-12-926753-0

Arbeitsblätter **Das Gewissen – die leise Stimme**
28 Arbeitsblätter mit didaktisch-methodischen Kommentaren — ISBN 3-12-926756-5

Arbeitsblätter **Die Soziale Frage**
33 Arbeitsblätter mit didaktisch-methodischen Kommentaren — ISBN 3-12-926754-9

Arbeitsblätter **Praktische Nächstenliebe – Diakonie heute**
32 Arbeitsblätter mit didaktisch-methodischen Kommentaren — ISBN 3-12-926769-7

Arbeitsblätter **In der Schöpfung leben**
48 Arbeitsblätter mit didaktisch-methodischen Kommentaren — ISBN 3-12-926768-9

SEKUNDARSTUFE II

Arbeitsblätter **Christen im Dialog mit den Weltreligionen**
20 Arbeitsblätter mit didaktisch-methodischen Kommentaren — ISBN 3-12-926751-4

Arbeitsblätter **Als Frau leben – als Mann leben**
27 Arbeitsblätter mit didaktisch-methodischen Kommentaren — ISBN 3-12-926761-1

Arbeitsblätter **Verantwortung für den Frieden**
25 Arbeitsblätter mit didaktisch-methodischen Kommentaren — ISBN 3-12-926758-1

Arbeitsblätter **Bioethik – Schöpfer Mensch**
20 Arbeitsblätter mit didaktisch-methodischen Kommentaren — ISBN 3-12-926766-2

Druckversion
Datum: 02.11.2003 21:39h
URL: http://www.hinzundkunzt.de/hk/verkaeufer/obdachlosigkeit/~article~22/

Obdachlosigkeit

Kein Bett - kein Zuhause

Eine der schlimmsten Auswirkungen von Armut ist der Verlust der eigenen Wohnung. Wer auf der Straße lebt, ist ohne Arbeit, ohne Schutz, ohne Freunde und häufig ohne Selbstbewusstsein. In Hamburg leben laut offizieller Zählung aus dem Frühjahr 2002 rund 1.300 Menschen unter Brücken, in Hauseingängen, Abbruchhäusern, Autowracks und Zelten. Die Dunkelziffer ist allerdings erheblich höher.

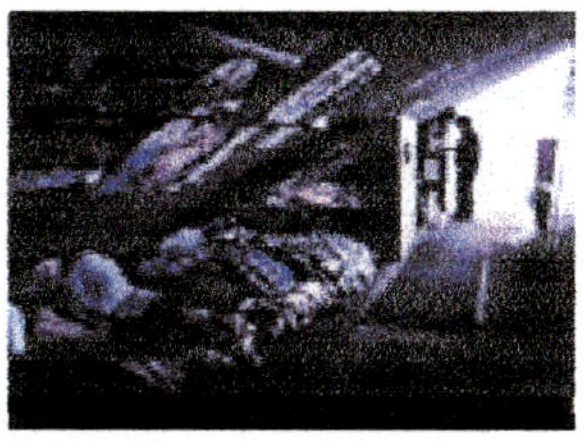

1.300 Menschen leben laut einer offiziellen Zählung in Hambug auf der Straße Foto: Mauricio Bustamante

Obdachlosigkeit ist kein neues Phänomen. In früheren Jahrhunderten sprach man von Vaganten, Kammesierern und Hippenbuben, während der Industrialisierung im 19. Jahrhundert nannte man sie verarmte Korrigenden und steckte sie in Arbeitshäuser. Die Nationalsozialisten machten Obdachlose zu "arbeitsscheuen Nichtsesshaften". Tausende ließen ihr Leben im KZ.

Durch steigende Arbeitslosenzahlen, teuren und knappen Wohnraum leben in den meisten westlichen Industrieländern auch heute viele Obdachlose in den Großstädten. Die Zahl der psychisch kranke unter ihnen steigt: Amerikanische und deutsche Studien belegen, dass zwei Drittel alkohol- und drogenabhängig sind und 15 bis 30% leiden unter schizophrenen Psychosen bzw. Depressionen. Da die Beschaffung von Nahrung, Unterkunft und Kleidung im Mittelpunkt stehen, bleibt für die Erhaltung oder Wiederherstellung der Gesundheit im Alltag der Obdachlosen meist kein Raum. Laut einer Hamburger Untersuchung aus dem Jahr 2000 sterben Obdachlose daher im Schnitt mit 45,5 Jahren.

Die Ursachen für Obdachlosigkeit sind vielfältig. Häufig treffen Arbeitslosigkeit, Verschuldung und zu wenig bezahlbarer Wohnraum zusammen mit Kindheitstraumata, Alkohol- und Drogenkonsum, Ehekrisen, Einsamkeit und fehlender sozialer Unterstützung durch Freunde und Familie. Oft kommen dann noch juristische und polizeiliche Komplikationen hinzu und der Schritt auf die Straße ist nicht mehr weit.

Der bevorzugte Schlafplatz vieler Obdachloser liegt trotz aller Gefahren im Freien. Notunterkünfte, Hotelzimmer oder Übergangsheime werden häufig nur im Winter oder bei Krankheit aufgesucht. Die Angst vor Diebstahl, Gewalt und Krankheiten und fehlende Privatsphäre sowie durch länger andauernde Obdachlosigkeit verursachte oder verschärfte psychische Probleme erschweren eine gemeinsame Unterbringung mit anderen.

Wer die Lebensbedingungen obdachloser Menschen verändern möchte, darf also nicht warten, bis die von Krankheit und Schicksal Betroffenen von selbst aktiv werden. Man muss sie dort abholen, wo sie leben und vielen Bürgern und Politikern ein Dorn im Auge sind.

[Druckansicht] [Leserbrief schreiben] [Artikel empfehlen]

nach oben